QUESTION A JUGER

EN LA COUR DES COMPTES
Aydes & Finances de Montpellier, au Bureau du Domaine.

SI LE SEIGNEUR QUI ACQUIERT DES TERRES
qui relevent de sa Directe, est tenu d'en payer le Droit
de Lods au Seigneur Dominant.

Fait & question du Procez.

LE SIEUR PIERRE LARNAC, Seigneur Justicier haut, moyen
& bas, Foncier & Directe du lieu de Cruviers, Taillable de
Monteran au Diocése d'Usés, a été assigné en la Cour à la
Requête de M. le Procureur général, poursuite & diligence du Sieur
de Saint-Aurant Receveur général du Domaine, pour le payement du
droit de Lods des biens qu'il a acquis de David Guiraud, situés dans
le Terroir & Jurisdiction de Cruviers, par Acte du 17. Mai 1696. pour
le prix de 1600. livres : Et il a été encore assigné en la Cour, à la Requête du Sr. Honnoré Valette Sous-Fermier de la Claverie d'Usés, sous
le nom de François Chauvet, pour le payement du Lods d'un Décret
des Biens de Claude Vernede, qui ont été adjugés audit Sr. Larnac pour
la somme de 1500. liv. lesdits Biens situés dans les Jurisdictions de Monteran, St. Firmin & Cruviers, tous relevant de la Directe des Seigneurs
particuliers, ou du Sr. de Larnac.

Le Sr. Larnac convient, qu'à raison de la Terre de Cruviers, il est
Vassal de Sa Majesté. Et le Sr. de St. Aurant & Valette conviénent, que
les Terres, pour lesquelles ils demandent le droit de Lods, étoient de la
Mouvance du Sr. de Larnac, auparavant qu'il les eût acquises ; Ensorte,
que leur demande consiste à sçavoir, si le Seigneur qui acquiert un fonds
relevant de sa Directe doit un Lods au Seigneur dominant : Et comme
cette Question est la même pour le Sr. de St. Aurant & pour le Sr. Valette, elle a été traitée conjointement avec eux.

MOYENS DU Sr. DE SAINT-AURANT

*LE Sr. Larnac ne peut se défendre, comm'il fait, du payement de Lods
qui lui sont demandés ; en disant, qu'il n'a fait qu'unir l'utile à la
Directe, & qu'en Languedoc le droit de Lods n'est dû, que par Titre
ou Possession : Ce sont des subterfuges ou des idées, qu'il ne sçauroit faire*

A

paſſer pour des Deciſions. Pour faire voir que les Lods ſont dûs par le Seigneur directe, qui achete des Fonds qui relevent de lui, il employera des Raiſons & des Autorités, qui ſeront priſes de l'autorité du Droit & du ſentiment des Docteurs.

Le prémier qui a ſoûtenu cette Opinion eſt Accurſe dans ſa Gloſe, Ad Tit. 55. de prohibit. feudi alienat. §. inſuper ſi alius Vaſſalli in verb. niſi requiſitus.

L'un des plus fameux Docteurs, qui a décidé la Queſtion indépendamment des Coûtumes, eſt M. d'Argentré ſur l'Art. 69. de la coûtume de Bretagne; & dans ſon Traité des Lods §. 25. il commence par dire poſitivement, qu'elle ne recevroit aucune difficulté, s'il faloit la decider par la coûtume de Bretagne. Mais enſuite l'éxaminant en termes de Droit, il la decide afirmativement pour le Sr. de St. Aurant; & répond, en même-tems, à la prémiere Raiſon du Sr. de Larnac. La raiſon de ſa Deciſion eſt priſe, de ce que le Vaſſal mediat acquerant de ſon Vaſſal, eſt devenu Sujet immediat du Seigneur dominant pour l'un & l'autre Fief, qui auparavant étoit un Arriere-Fief: Ainſi, il eſt dû Lods, toutes les fois qu'il paroît que les Fonds ont été achetés, & qu'ils n'ont pas été conſolidés pour Cauſe anterieure & feodale, mais par une Cauſe accidentelle & extrinſeque.

La Deciſion de M. d'Argentré eſt priſe du Préſident Boyer ſur la coûtume de Bourges, Tit. 4. des Fiefs & Cenſives §. 5. Pag. 73. Col. 1. Voici comme parle le Préſident Boyer, qui ſe détermine ſur la deciſion du Droit, ſur le ſentiment des Docteurs François, & ſur un Arrêt du Parlement de Paris, où l'ancienne ni la nouvelle Coûtume ne diſent pas un mot de la Queſtion.

» Mais, qu'en ſera-t'il, dit le Préſident Boyer, ſi un Vaſſal a acquis partie
» d'un Fief qui dépendoit de ſon Fief, lequel il tenoit d'un autre Seigneur,
» qui demande le droit de Rachat pour partie de l'Arriere-Fief acquis: Le
» Vaſſal acquereur ſe défend; & dit, qu'il ne doit rien, parcequ'il tient le
» Fief de celui qui lui demande; & qu'il a acquis la partie du Fief, de celui
» qui la tenoit de lui Défendeur, à cauſe de ſon Fief: & de là, qu'il a uni
» cette partie à ſon Fief; Il n'eſt pas obligé à payer le droit de Rachat.
» Malgré ces raiſons, qui ſont les mêmes que la prémiere du Sr. de Larnac,
» le Préſident Boyer decide, que le Rachat eſt dû. Dico quod tenetur per §.
» ſi cuj. & quæ notant Joan. Fab. & Angelus Aretin. Inſtitut. de Legat. Où
» il eſt dit, que les choſes qui ſont conſolidées, ne ſont pas cenſées acqui-
» ſes par le même Droit ou le même Titre, en vertu duquel on poſſede les
» mêmes choſes qui ſont conſolidées; au contraire, elles ſont cenſées diffe-
» rentes de la proprieté & de la choſe: & c'eſt pour cela, qu'elles doivent
» être jugées differentes & indépendantes de la Proprieté. (a) Et cela a été
» ainſi jugé par Arrêt du Parlement de Paris, entre le Procureur du Roi &
» le Procureur de la Reine de France, Demandeurs en condamnation du droit
» de Quint & Requint, & le Sieur de Trony Comte de Porcien Défen-
» deur: La Demande étoit fondée, ſur ce que le Défendeur qui poſſedoit
» la Comté de Porcien, qu'il tenoit du Roi à cauſe de la Terre & Seigneu-
» rie de Ste. Menehoult; Se Mouvant du Roi, qui l'avoit donnée à la Reine,

---

Boyer ſur la Coûtume de Bourges, Tit. 4. des Fiefs & Cenſives. §. 5.

(a) Ubi dicitur quòd illa quæ conſolidantur non videntur acquiſita illo jure, ſeu titulo, quo res cui conſolidantur tenentur, & cenſentur aliâ a rei proprietate, & ideo tanquam alia judicanda ſunt & per ſe:

avoit acquis la Terre & Domaine de Montcornet, dépendante de la Comté « de Porcien, & l'avoit uni à sa Comté. (b) «

Ce Procez fut porté en premiere Instance devant le Bailly de Vitry, qui «
jugea que la Saisie feodale avoit esté bien faite par les Demandeurs, & «
que le Deffendeur, n'avoit eu aucune raison de s'y opposer. Il y eut Apel de «
sa Sentence, & par Arrest du 22. Septembre 1453: il fut dit, qu'il avoit esté «
bien jugé mal apellé. (c) «

On ne doit pas dissimuler, que Dumoulin sur l'Article 30. de l'anciene coûtumé de Paris, qui est le 43. de la Nouvelle, N°. 175. 176. & 177. a dit, que le Président Boyer s'étoit trompé; mais il l'a dit sans raison, & à le bien éxaminer, il se trouve lui même du sentiment qu'il condamne.

M. d'Argentré, au Lieu cité, a fait cette Observation; il dit, que Du- «
moulin condamne Boyer mal-à-propos, quand il a dit, que le Seigneur qui «
rachette de son Vassal doit le Lods au Seigneur dominant, parce que, quoi- «
que par le rachat il se fasse une consolidation, cependant elle ne se fait pas «
par l'ancienne cause du Fief; ce qui pourtant est la raison pour laquelle Du- «
moulin condamne Boyer, quoique ce soit le priucipe & la raison de decider de «
Boyer. (d) «

Et pour prouver que la raison pour laquelle Dumoulin condamne Boyer, est le propre principe de Boyer: voici ce qu'il dit au N°. 176. Sed multum allucinantur quia quandocunque consolidatio fit ex natura rei & ex necessitate causæ antiquæ & inexistentis rei consolidatæ, & rei cui fit consolidatio, consolidatum censetur, & ipso jure efficitur ejusdem qualitatis & conditionis cum re cui consolidatur & unitur, ut late probavi in alia questione.

Tout cela n'est autre chose que la raison de decider de Boyer & de Mr. Dargentre; En un mot, le princepe de la condamnation du sentiment de Boyer, est le principe sur lequel Boyer établit son sentiment & le prouve.

Il est encore vray, que Dumoulin au N°. 177. dit, qu'il est faux que les «
Lods soit dû au Seigneur Dominant, quand le Vassal acquiert un Arriere- «
Fief ou une partie, comme ledit Boerius, parceque ce Droit n'est dû qu'aux «
Seigneurs immediats, suivant toutes les coûtumes du Royaume : Mais, «
Mr. Dargentré répond, qu'en avoüant le principe de Dumoulin, le Vassal «
qui acquiert un Arriere-Fief doit le Lods au Seigneur Dominant, parceque «
le Seigneur mediat acquerant de son Vassal, devient Sujet immediat du «

Boyer au même endroit.

(b) Ita fuit judicatum per arrestum Curiæ Parlamenti Parisiensis inter Procuratorem Regis & Procuratorem Reginæ Franciæ actores, petentes jura & deveria quinti & requinti, ex una ; & Dominum Antonium de Trony Comitem Porciani defensorem , ex altera ; ex eo quod dictus defensor ad causam dicti Comitatus Porciani quom ab ipso Rege ad causam terræ & Seigneuriæ Santæ Meheuldis eidem Regi spectantis, quam præfatæ Reginæ donaverat in feudum, Tenebat terram & domanium Montis Corueti dependentem à dicto Comitatu quod acquisierat & sic unitum cum ipso Comitatu.

Boyer au même endroit.

(c) Qui processus fuit primò coram Bailliuo de Vitriaco agitatus, qui pronunciavit ad bonam & justam causam per ipsos actores manium apositam fuisse & dictum reum malè se opposuisse, à quo fuit appellatum ad dictam supremam Curiam præfatam, & fuit anno Domini 1453. die 22. Septembris dictum, benè judicatum & male appellatum.

Argentré en son traité de Lodi. §. 25

(d) Sed Molinæi Sententia in casu à Bœrio. posito parum rationis habet, cum scilicet Dominus redemit à vassallo , nam si hoc casu fiat consolidatio Dominii directi & utilis, tamen verum est non fieri ex causa antiqua, quod tamen ille in ratione ponit , sed ab causa extrinseca & accidentali venditionis scilicet non alio jure quam communi, ut à quolibet commercii capace circa jus aut causam Dominicæ subjectionis, aut Vassallitii; nec immediata causa infeodationis. Quare eadem jura debentur Domino superiori quæ deberentur ab extraneo.

» Seigneur dominant, par l'un & l'autre Fief, qni n'étoit auparavant qu'un
» Arriere-Fief.

Au surplus, du Moulin ne répond rien à l'Arrêt que Boyer raporte dans
l'espéce formelle du Cas ; & pardessus cela, il convient qu'il y a trois autres
Docteurs qui sont du même avis, parmi lesquels est, Chassaneus sur la cou-
tume de Bourgogne, & qu'ils sont fondés sur la disposition du Droit, à laquelle il tache vainement de répondre.

Si cela a lieu dans les Fiefs Nobles ; suivant le sentiment des Docteurs qu'on
vient de citer, la décision doit être encore mieux reçûë en matiere de biens
Roturiers & d'Emphiteose ; & cét encore ce que les Docteurs ont décidé, de
la maniere la plus formelle qu'on puisse le souhaiter.

C'est la Décision de Guillaume Durand Evêque de Mende, dit le Specu-
lateur ; voici les propres termes. Lib. 4. Parte 3. de Emphiteusi N°. 152.

Quæritur, quid si Domini consensu alii dederit in Emphiteusim, &
secundus Emphiteuta velit jus suum vendere alii : queritur quis habebit pecuniam, quæ pro subscriptione seu confirmatione præstatur : & dic quod
primus Dominus, cujus consensus est requirendus : quia ipse novum Em-
phiteutam debet inducere in possessionem. Ut C. de jure Emphit. leg.
finali §. sin autem duorum superiùs verso 105. Joann. Andreas : Sur ce même endroit de Durand dit, scripsi etiam de hoc secundum cum in decret.
potuit super 3. Glos. & vide ibi leges quas allegat Uber.

Mais ce qu'il a de plus singulier, c'est que du Moulin lui même, qui a crû que
les Lods n'étoient pas dûs de l'acquisition d'un Fief Noble, n'a point fait de dificul-
té de dire, qu'il est dû, quand il est question de l'Emphiteose ; c'est sur l'Article
51. de l'anciene coûtume de Paris, qui est le 73, de la Nouvelle : Gloss. 1. N.
22. où il convient, qu'en matiere d'Emphiteose, le Lods est dû au Seigneur
Dominant, ou premier Seigneur ; Et que généralement tous les Docteurs qu'il
raporte en foule, sont de ce sentiment ; On pourroit ajoûter à tout cela quan-
tité d'autres autorités, & le sentiment des Docteurs qui ont fait des traités
particuliers du Droit de Lods ; où l'on voit que cét le sentiment genéral : Mais
il suffit d'avoir cité ceux dont le nom est plus connu, & qui sont le plus en
usage.

De la preuve de cette premiere proposition, il en resulte cette conséquence ;
Que le Lods est dû au Seigneur Dominant, du fonds que le Seigneur Immediat aliene de son Fief : Par cette même raison, que le Seigneur Immediat
étant hors de place lorsqu'il vend, comme quand il achete ; le droit de Lods
ne pût lui apartenir, qu'au cas son Acheteur revende à un tiers ; qui en ce
cas, doit payer le Lods au Seigneur Directe.

C'est ainsi que le decide M. Dargentré sur la coûtume de Bretagne, Art.
70. N. 1. par la raison des Correlatifs qu'il y a de la prémiere Question à
celle-ci, Hic casus tertius est correlatiuus superioris : Et cela avoit été déja
decidé par un Arrêt du Senat de Savoye, raporté par Amadeus à Ponte.
Q. 22.

RÉPONSE DU Sr. LARNAC.

LE Sr. de Saint-Aurant établit, que le Seigneur qui achete un
Fonds qui releve de sa Directe, doit un droit de Lods au Seigneur
Dominant

Dominant fur le fentiment d'Accurfe en fa Gloffe fur le Livre des Fiefs
des Lombards, fur celui d'Argentré qui a écrit fur la coûtume de Bretagne, de M. le Préfident Boyer qui a écrit fur la coûtume de Bourges,
& Guillaume Durand qui a écrit en Italie auparavant que d'être Evêque
de Mende : il rencontre fur fon chemin du Moulin, qui eft d'un fentiment
contraire ; mais, après avoir examiné fes raifons, il trouve qu'il eft tombé
dans la contradiction, & il le condamne.

Pour répondre, tout à la fois, à ce grand nombre d'Auteurs, dont on
revere le merite & le favoir ; On demande au Sr. de Saint-Aurant, par quel
endroit il pourroit faire voir que leur fentiment ait paffé jufqu'à préfent
en force de Loy en Languedoc ? S'il trouve qu'il a été decidé, que les Fiefs
de cette Province fe reglent par le fentiment de tous ces Auteurs, ou de
quelqu'un d'entr'eux, il fera alors queftion d'examiner ce qu'ils ont dit ;
Mais pourquoi, jufques là s'en donner la peine ? puifque l'Ufage conftant
de la Province fait bien voir, que leur fentiment n'y a pas été reçû.

Il eft donc neceffaire d'établir l'autorité de ces Auteurs, auparavant de
renverfer l'Ufage univerfel de toute la Province : Cét Ufage qui eft une
raifon aprouvée par le confentement de tout le peuple d'une Province pendant plufieurs fiécles, & qui tient lieu de Loi, lorfqu'il n'y en a pas de
contraire ; doit prévaloir fans doute au fentiment des Auteurs, qui font
des particuliers fans autorité & fans caractere ; & à qui il n'apartient pas
de faire des Loix : Les Auteurs ne doivent donc être crûs, même dans
leur propre païs, qu'autant qu'ils ont écrit ce qui s'y pratique : ils font
les témoins de l'Ufage de leur Païs, mais ils n'en font pas les maîtres.

Citer après cela d'Argentré, le Prefident Boyer & tous les autres Auteurs qu'on vient de nommer, pour decider une queftion de Lods en Languedoc ; c'eft apeller des étrangers, pour rendre temoignage de ce qui fe
paffe dans un païs où ils n'ont peut-être jamais efté ; & comme ces Auteurs n'auroient jamais ofé pretendre pendant leur vie, que leur avis fut
une decifion pour le Languedoc, dont ils ne connoiffoient pas les Ufages ; on
ne doit pas donner plus d'autorité à leur fentiment après leur mort, fous
pretexte que leurs Ouvrages ont été imprimés.

On ne croit pas non plus devoir repondre à un Arrêt du Parlement
de Paris, qui a efté rendu dans la Coûtume de Vitry, raporté par le
fieur de Saint Aurant, parce que le Languedoc ne reconnoit d'autre Parlement que celui de Touloufe.

MOYENS DU Sr. DE SAINT-AURANT.

IL ne refte après cela, qu'à répondre à la penfée du Sr. Larnac ; qui pretend, que parcequ'en Languedoc on ne peut prétendre aucuns droits
ni devoirs Seigneuriaux fans Titre ou Poffeffion, il ne doit point payer de
Lods de fon Acquifition ; parceque le Roi, Seigneur dominant, n'a ni
Titre ni Poffeffion, pour prétendre un droit de Lods des Seigneurs qui fe
meuvent de lui.

*Le principe du Sr. Larnac n'eft pas feulement fuivi en Languedoc, mais il
l'eft encore de tout le Royaume & de tous les Païs où il y a des Seigneuries :
Il eft même certain, que dans le Reffort du Parlement de Touloufe, il n'eft*

B

point dû des Lods au Seigneur dominant de son Arriere-Fief noble, suivant ce que dit Albert, Tit. 50. sous le mot Lods, Art. 2. Mais ce Principe ne sert de rien contre le droit de Lods, pour les fonds Roturiers acquis par le Seigneur dans sa Directe, ou, pour mieux dire, l'on n'en peut tirer aucune conséquence contre le droit de Lods demandé au Seigneur, pour les biens Roturiers qu'il acquiert dans sa Directe ; parceque le Lods est un Droit établi par la Loi, & les autres droits ou devoirs Seigneuriaux, sont establis par Titre ou par Possession.

Que le Lods soit un Droit établi par la Loi ; cela ne peut estre contesté. La Loi 3. du Code de juré Emphyteutico, l'a decidé. Il y a une Action introduite pour le demander : ce Droit a même divers Privileges. Il est donc constant, qu'il n'est pas de la nature de ceux, pour lesquels il faut avoir Titre ou Possession ; puisque c'est la Loi qui accorde ce Droit à tous les Seigneurs, pour l'investiture ou pour le consentement à la Vente.

Cela supposé comme incontestable. La première question revient, & sur cela il ne reste qu'à juger, si le Roy Seigneur dominant sera d'une condition pire que les autres Seigneurs, qui ont droit de prendre le Lods des Acquisitions roturieres, que font les autres Seigneurs des terres & possessions de leurs Directe ; or il est constant, qu'on ne sçauroit dire que la condition du Roy soit pire, que celle des autres Seigneurs dominans.

RE'PONSE DU Sr. LARNAC.

LE Sr. de Saint-Aurant revient à present au principe que le Sr. Larnac avoit avancé : que pour pretendre un droit Seigneurial en Languedoc, il faut avoir Titre ou possession ; & il convient que ce principe est de tout le Royaume, en quoi il oublie ce qu'il avoit dit au commencement de ses Ecritures, que le Sieur Larnac débitoit ses propres pensées.

Le Sieur de Saint-Aurant va encore plus loin, & il convient que dans le ressort du Parlement de Toulouse, il n'est point dû des Lods au Seigneur dominant des Arriere-Fiefs nobles, que son Vassal a réünis à son Fief, & que le Seigneur doit avoir Titre ou possession pour pretendre un droit Seigneurial.

Mais à l'égard des Rotures, le Sieur de Saint-Aurant prétend, que le droit de Lods est dû par le Seigneur qui les consolide à sa directe, & il se fonde sur la Loi 3. du Code de juré Emphyteutico.

Auparavant de repondre à cette Loi, il est necessaire de remarquer ce que sont devenus tous les Auteurs, que le Sieur de Saint-Aurant avoit cités au commencement de ses Ecritures ? Il les a lui-même congediés, d'abord qu'il a trouvé dans les Arrêts d'Albert, que le Parlement de Toulouse déchargeoit de payer des Lods aux Seigneurs dominans pour les Arriere-Fiefs nobles ; mais que deviennent tous les raisonnemens de ces Auteurs ? Nul ne peut s'investir soi-même, & la distinction du Seigneur qui réünit jure feudali ou jure privato, si le Parlement n'y a aucun égard ; & quelle meilleure raison en peut-on donner, que l'usage même de la Province qui est contraire à ces maximes.

Le Sieur Larnac revient maintenant à sa Loi 3. du Code de jure Emphy-

reutico, & il trouve que cette Loi a reglé le Lods entre le Seigneur & l'Emphiteote, lorsque les biens sont vendus à un étranger, mais lorsque c'est le Seigneur qui acquiert, elle ne l'oblige de payer les Lods à personne. Il faut donc que le Sieur de Saint-Aurant cherche quelqu'autre Loi qui ait decidé, que lorsque le Seigneur reprend les biens emphiteotiques, il doit un Lods au Seigneur qui est au-dessus de lui; & s'il n'en trouve point, on a raison de dire, que dans cette occasion, il faut avoir recours aux Titres ou à la possession particuliere de chaque Fief, ou à l'Usage universel de la Province, car pour de raisonnemens, il n'y en a plus à faire, depuis qu'on a vû que les Lods ne sont pas dûs pour les arriere-Fiefs, parce qu'il n'y a pas plus de raison pour prétendre qu'ils sont dûs des Rotures.

Le Sieur de Saint Aurant ne doit pas dire, que le Roy seroit de pire condition que les Seigneurs particuliers, puisque les particuliers qui sont Seigneurs dominants ne pretendent pas ce Droit.

MOYENS DU Sr. DE SAINT-AURANT.

ON doit *observer encore, que ce doit être la Jurisprudence du Parlement de Toulouse, puisque Me. Geraud dans son Traité des droits Seigneuriaux, Liv. 2. Chap. 3. N°. 30. & 31. a dit, que quand le Seigneur feudataire du Fief achete l'arriere-Fief de son Vassal, le Relief, c'est-à-dire les Lods, en sont dûs au premier Seigneur & Dominant de l'Acheteur; parcequ'il ne lui est pas avenu comme Seigneur Jure feudali, mais sous le titre d'Achat, que tout autre aussi-bien que lui auroit pû avoir: ce qu'il entend des Rotures; & continuant il ajoute, par la même raison, si le second Vassal achette le Fief du premier feudataire Seigneur d'icelui, il en doit le Lods au Dominant. Si cette Jurisprudence n'avoit pas esté la bonne au Parlement de Toulouse, l'Auteur de la Critique du Livre de Me. Geraud ne l'auroit pas épargné: Il l'a attaqué sur des choses de beaucoup moindre importance que celle-ci; aussi, long-tems avant que Me. Geraud écrivit, Me. Despeisses avoit dit la même chose dans l'une & dans l'autre question, Tome 4. des Droits Seigneuriaux. section 5. des Lods, n. 14. & 15. & sect. 7. N°. 17.*

REPONSE DU Sr. LARNAC.

IL n'arrive que trop ordinairement aux Auteurs de se copier les uns les autres: C'est l'inconvenient, dans lequel sont tombés Despeysses & Geraud, en suivant le sentiment d'Argentré; sans se mettre en peine de ce qui se passoit dans leur propre Païs, & sans s'informer de la Jurisprudence du Parlement de Toulouse: s'ils l'avoient fait, ils auroient trouvé les Arrêts raportés par Albert, & ils auroient, pour le moins, fait la difference que le Sr. de Saint-Aurant veut établir entre les Fiefs & les Rotures; en quoi le Sr. de Saint-Aurant ne sçauroit les défendre. Et à l'égard des Rotures, ils auroient pû juger que le Parlement avoit la même Jurisprudence que sur les Fiefs, s'ils avoient fait attention à l'Arrêt du 20. Juillet 1599. raporté par Cambolas au Liv. 3. Chap. 5. de ses Questions notables; par lequel ; un Seigneur est déchargé de payer le droit de Lods à son Fermier, pour une Acquisition qu'il avoit fait dans sa Directe. Le Fermier prétendoit que le droit de Lods faisoit partie de sa Ferme, le Seigneur répondoit qu'il n'avoit affermé que les Droits qui lui estoient dûs, & que nul Seigneur ne prend Lods sur lui même ; que les Lods estant dûs pour l'investiture, le Seigneur n'en a pas besoin estant investi de Droit ; & sur ces raisons, le Seigneur fut déchargé. Il faut convenir que lors qu'un Parlement Juge une pareille question, & qu'on la traite serieusement de part & d'autre : il faut necessairement qu'on supose que les Lods ne sont pas dûs au Seigneur dominant, parce que cela auroit rendu la demande du Fermier ridicule, & le Seigneur n'auroit pas manqué de se défendre par là, au lieu qu'il disoit qu'il ne devoit de Lods à personne.

Pour s'éclaircir encore mieux sur la Jurisprudence du Parlement de Toulouse, le Sieur Larnac raportera un Arrêt de ce Parlement du 18. Decembre 1700. rendu entre la Dame de Parlier & la Dame de Blancar, par lequel la Dame de Parlier est déchargée de la demande du Lods des biens consolidés à sa Directe, qui lui étoit faite par la Dame de Blancar. Il étoit donc question d'un bien rural, & par consequent du même fait dont il s'agit à present.

Il seroit inutile au Sr. Larnac d'agiter la Question, si le Lods est dû au Seigneur dominant de la Vente qui est faite par son Vassal, puisqu'il n'est pas attaqué là-dessus ; & qu'il lui sufit d'être déchargé du Lods qu'on lui demande pour l'Acquisition qu'il a faite, sans s'amuser à autre chose.

MOYENS DU Sr. DE SAINT-AURANT.

LE Sr. de St. Aurant dit dans de nouvelles Ecritures, 1°. *Qu'il a eu raison de parcourir les Auteurs qu'il a raporté dans son Instruction, parceque chacun raporte une Raison particuliere, pour prouver que le droit de Lods est dû au Seigneur dominant, de la Vente ou de l'Achat que le Seigneur direct fait des fonds qui relevent de sa Directe : Que ces Auteurs n'ont pas traité la Question, suivant la decision des Coûtumes : qu'ils l'ont traitée en termes de droit Romain, suivant lequel le Languedoc est regi : Que le Président Boyer étoit de Montpellier ; & que Guillaume Durand, qui fût Evêque de Mende, estoit ou de Montpellier ou de Provence.*

REPONSE DU Sr. LARNAC.

LE Sieur Larnac répond, que le droit Romain n'a connu, ni Seigneur ni Vassal ; & qu'il ne peut, par consequent, avoir reglé que le Vassal doit un droit de Lods au Seigneur, lorsqu'il acquiert une Terre qui releve de sa Directe. Si on veut dire, qu'il sufit qu'il ait parlé du Lods par raport à l'Emphiteose ; on répondra, que le Sr. Larnac est Vassal du Roi, & non pas son Emphiteote : cela ne peut être disputé par le Sr. de St. Aurant.

Il est donc fort inutile, que les Auteurs qu'il raporte ayent raisonné sur les principes du Droit & sur la disposition des Coûtumes, parceque leur

sen-

ntiment ne doit pas prévaloir à l'ufage de la Province. Le Sr. de Saint-
urant convient, que ces raifons & ces principes n'ont pas prévalu à
Ufage, lorfqu'il a été queftion de l'acquifition des arriere-Fiefs ; c'eft
onc à lui à faire voir qu'ils doivent prévaloir, lorfqu'il s'agit des terres
nuës en cenfive, quoique l'ufage de la Province foit contraire. C'eft
ors, que le Sr. Larnac répondra au fentiment des Auteurs ; & fi le
de Saint-Aurant prétend, que l'ufage de la Province eft pour lui, il
a qu'à en raporter la preuve, & pour lors tous ces Auteurs lui devien-
ent inutiles ; c'eft furquoy le Sr. Larnac le prie de s'expliquer, par là il
pargnera la peine de foûtenir les Auteurs s'il s'en tient à l'ufage, ou de
pporter la preuve de l'ufage s'il s'en tient à fes Auteurs.

Pour prouver l'ufage, de la Province il eft fort inutile de dire que le
efident, Boyer & Guillaume Durand étoient de Montpelier, ces Auteurs
étoient pas dans la Province, lorfqu'ils ont écrit & en écrivant leur fen-
ment, ils n'ont pas dit que ce fut l'ufage du Languedoc ; de forte qu'il
y a-pas plus de fondement à faire la - deffus, pour la preuve de cet
age, que fur le fentiment de Defpeyffes & de Geraud, qui font des Au-
urs de la Province, & qui au lieu d'écrire ce qui s'y pratique, fe font
ontentez de copier d'Argentré.

MOYENS DU Sr. DE SAINT-AURANT.

E Sr. de Saint-Aurant ajoûte au fentiment d'Albert, qu'il avoit cité
dans fes precedentes écritures, le fentiment de Ferrieres fur la quef-
on 167. de Guy Pape : de Mainard l. 4. Chap. 33. de Cambolas Liv. 4. Chap.
. & de Catelan Tom. 1. Liv. 3. Chap. 21. pour juftifier la jurifprudence du
arlement de Touloufe fur la réünion des Arrieres-Fiefs ; & par argument
s contraires (dit-il) il faut neceffairement qu'il foit dû droit de Lods au
eigneur dominant, quand le Seigneur immediat acquiert par tout autre Titre,
ue par celui de fa Seigneurie, des Fonds roturiers qui relevent de fa Cenfive.
foûtient, qu'il faut que ce foit l'ufage du Parlement de Touloufe ; parce-
'il n'eft pas poffible, qu'on y eût mis feulement en queftion, s'il étoit dû
ods d'un Arriere-Fief noble. & qu'on n'eût traité la queftion en thefe ge-
rale ; fçavoir, fi en quelque cas que ce foit, il étoit dû Lods au Seigneur
ominunt, foit d'un Arriere-Fief noble ou d'une Emphiteofe. Cependant, on
y trouve que l'hypotefe de l'arriere-Fief noble ; donc, il faut neceffairement
nclurre, qu'il en eft autrement des rotures.

RE'PONSE DU Sr. LARNAC.

L n'y a perfonne qui ne voye dans ce raifonnement, les efforts que fait
le Sr. de Saint-Aurant pour prouver, que la Jurifprudence du Parle-
ient, fur l'acquifition des arriere-Fiefs, eft differente de celle qu'il a fur
s rotures ; Mais, pourquoi fe donner tant de peine là-deffus ; n'eft-ce
as une queftion de fait, que de fçavoir, fi les Seigneurs directes ont payé
es Lods au Seigneur dominant, pour les rotures qu'ils ont acquis ? Le
r. de Saint-Aurant, n'a donc qu'à s'en informer : il ne manque pas dans
a Province de Seigneurs dominants, ni d'acquifitions faites par les Sei-

C

gneurs directes, c'eſt par leurs certificats & par leurs quittances, qu'il faut prouver l'uſage de la Province ; & non pas par des raiſonnemens, qui ſont tous inutiles, lorſqu'il s'agit d'un fait qui peut être juſtifié auſſi aiſement que celui-ci.

Mais, le Sr. de Saint-Aurant eſt ſi fort attaché à ſes Auteurs, qu'il veut les employer également pour le fait comme pour le droit, & même pour un fait, ſur lequel ils n'ont pas écrit. Ferrieres, Maynard, Cambolas & Catelan, ne traitent la queſtion de Lods, que par raport à la vente des Fiefs, & ils diſent, qu'ils ne ſont pas dûs, s'il n'y a titre ou uſage ; Ce qui n'a rien de commun avec la queſtion des Lods des arriere-Fiefs, par raport au Seigneur dominant : Il n'y a qu'Albert, qui en ait parlé, & comm'il ne fait que raporter les deux Arrêts, qui ont été rendus ſur cette matiére, on ne peut tirer aucun avantage de ſon raiſonnement, parceceque n'en fait aucun.

MOYENS DU Sr. DE SAINT-AURANT.

3. LE Sr. de Saint-Aurant, pourſuivant ſon raiſonnement, dit, que la conſequence qu'il vient de tirer, eſt ſi certaine & ſi juſte, qu'on trouve dans Cambolas, Liv. 4. Chap. 30. que pour ſoûtenir la demande & condamnation de Lods ; on diſoit, qu'il s'agiſſoit d'un Fief roturier ou Emphiteoſe, par la reſervation de la Directe ; donc il eſt évident, dit le Sr. de Saint-Aurant, que s'il avoit été prouvé que c'eût été une veritable Emphiteoſe, le Seigneur auroit été condamné ſur cet unique fondement : mais ajoûte Cambolas, il fut jugé, que nonobſtant cette clauſe de Domaine directe c'étoit un pur & ſimple Fief, duquel les Lods & Ventes ne ſont pas dûs. Doncques, encore une fois (dit le Sr. de Saint-Aurant) s'il n'avoit pas été queſtion d'un ſimple Fief, les Lods & Ventes auroient été dûs.

REPONSE DU Sr. LARNAC.

LE Sr. Larnac répond, que dans l'eſpece raportée par Cambolas il s'agiſſoit d'un Fief dont le Seigneur demandoit le Lods, & parce qu'il convenoit que les Fiefs n'en doivent pas, il vouloit le faire paſſer pour une emphiteoſe ; mais dans tout ce Chapitre il n'eſt pas dit, que ce fût un arriere-Fief acquis par le Seigneur immediat, dont le Seigneur dominant prétendit le Lods ; qui eſt pourtant ce qu'il faudroit prouver pour en tirer l'avantage qu'on prétend.

MOYENS DU Sr. DE SAINT-AURANT.

4. LE Sr. de Saint-Aurant dit, que le Sr. Larnac s'eſt trompé, quand il dit que le Sr. de Saint-Aurant avoit trouvé de la contradiction dans le ſentiment des Docteurs : C'eſt tout le contraire ; Il eſt vrai, dit-il, qu'il a raporté les raiſons pour leſquelles d'Argentré contredit du Moulin dans le ſentiment qu'il a, que les Lods de l'Arriere-Fief noble n'eſt pas dû, mais après cela le Sr. de Saint-Aurant a dit, que du Moulin n'avoit pas été même avis pour les fonds emphiteotiques.

RÉPONSE DU Sr. LARNAC.

LE Sr. Larnac répond, qu'il lui importe peu que d'Argentré & du Moulin soient d'accord sur la réünion des fonds emphiteotiques à la directe, ou qu'ils ne le soient pas ; puisque ce n'est pas de là, que dépend la décision de la question, Si pour raison de cette réünion il est dû droit de Lods en Languedoc au Seigneur dominant, il faut donc prouver qu'ils sont dûs par l'usage de la Province ; & c'est à quoi le Sr. de Saint-Aurant n'a pû parvenir jusqu'à présent.

MOYENS DU Sr. DE SAINT-AURANT.

1°. LE Sr. de Saint-Aurant, après avoir trouvé tous les Auteurs de son sentiment au sujet des Emphiteoses, ajoûte ; *S'il faut chercher la raison de cette décision, pourquoi ne sera-t'il pas permis de la chercher, & de l'aprendre dans les Docteurs qui ont traité la question selon le Droit écrit ? Pourquoi même n'y pourra pas-t'on pas apliquer celles dont ils se sont servis, pour soûtenir qu'il étoit dû Lods de la vente d'un arriere-Fief noble ? Car enfin, il n'y a que le Paelement de Toulouse qui change leur décision. Les raisons, quand elles sont bonnes, & qu'elles peuvent être appliquées, ne sont jamais rejettées : ainsi, le Sr. de Saint-Aurant a pû dire, que les Lods & Ventes sont dûs de l'acquisition ou vente d'un fonds emphiteotique ; parceque le Seigneur direct, par sa qualité d'Acquereur ou de Vendeur, se tire du milieu, & fait place au Seigneur dominant. Voila à quoi servent tous les Auteurs que le Sr. de Saint-Aurant a cités, & qu'il n'a pas congedié, comme la crû, sans raison, le Sr. Larnac ; Le Sr. de Saint-Aurant a si peu songé à leur donner le congé que le Sr. Larnac a inventé, qu'ils lui servent à répondre à un Arrêt du Parlement, dont l'Adversaire se sert sans sçavoir pourquoi.*

RÉPONSE DU Sr. LARNAC.

LE Sr. Larnac répond, qu'il est inutile de raisonner, lorsqu'il s'agit de décider une affaire par l'Usage ; Et quel fondement peut-on faire sur les raisons des Auteurs raportées par le Sr. de Saint-Aurant, puisque le Parlement de Touloule n'y a pas eu égard pour la réünion des arriere-Fiefs. Si le Sr. de Saint-Aurant veut penetrer les Raisons de toutes choses, il n'a qu'à apliquer aux emphiteoses celles que le Parlement a eu pour les arriere-Fiefs, & il conclurra contre lui-même.

S'il prétend que ces raisons n'y peuvent pas être appliquées, il faut qu'il raporte des raisons pour décharger les arriere-Fiefs qui ne conviennent pas aux Rotures : mais ce ne sont pas dans ces Auteurs qu'il les trouvera, car ils ont raisonné de la réünion de l'arrie-Fief & de l'emphiteose par les mêmes principes.

La raison, par exemple, que le sieur de Saint-Aurant rapporte, que le Seigneur direct par sa qualité d'acquereur ou de vendeur d'un fonds emphiteotique, se titre du milieu, & fait place au Seigneur dominant, convient parfaitement au Vassal qui se tire du milieu en acquerant l'atrierefief, & cependant il faut que cette raison n'aye pas esté trouvée bonne, puisque le Parlement a déchargé le Vassal de payer le Lods de cette acquisition au Seigneur dominant ; On ne sçait pas aprés cela pourquoi le Sieur de Saint-Aurant veut encore retenir ses Auteurs.

MOYENS DU Sr. DE SAINT-AURANT

8°. LE Sr. de Saint-Aurant auroit dû parler ensuite de l'Arrêt du Parlement, auquel il prétend répondre avec le secours de ses Auteurs, mais il s'interrompt lui-même pour dire, *que la réponse que le Sr. Larnac a fait à la Loy* 3. C. de jure Emphyteutico *est une pure défaite. Il dit que le Sr. Larnac convient*, que cette Loy décide que le Lods est dû quand l'Emphiteote vend son fonds, *mais qu'il a pris la peine d'ajoûter à la decision de cette Loy ce terme (à un Etranger) & sur sa note, dont le Sr. de Saint-Aurant ne sçait pas si le public lui aura obligation*, il dit que cette Loi ne decide rien, lorsque c'est le Seigneur qui vend ou qui acquiert le fonds emphiteotique, & que le Sieur de Saint-Aurant doit chercher une autre Loi.

C'est la réponse que le Sr. Larnac avoit fait à cette Loi, avec les parenteses que le Sr. de Saint-Aurant y a mis, il a falu la raporter au long pour entendre la replique du Sr. de Saint-Aurant.

Le Sr. de Saint-Aurant soutient, que la Loy contient une decision generale pour tous les biens Emphiteotiques qui ont tous un Seigneur mediat ou immediat ; que le Seigneur immediat devenant acquereur du fonds emphiteotique devient en même tems celui que le Sr. Larnac appelle, Etranger : & qui par consequent doit le Lods, & pour être convaincu que cela ne peut être autrement ; c'est que dans par un seul des Arrestographes du Parlement de Toulouse (qui raportent l'Usage de ne point payer des Lods des arriere-Fiefs Nobles) On ne trouvera pas la Loy 3. C. de jure Emphyteuti. *qui tout au moins auroit servi d'argument pour en conclurre : que si en matiere d'Emphiteose, ils ne sont pas dûs Lods au Seigneur dominant, il n'en estoit pas dû à plus forte raison en matiere d'arriere-Fief Noble, bien loin même de se servir de cette Loi pour argumenter, on voit que pour soutenir la demande en droit de Lods, l'on s'est reduit à dire que le Fief Noble avoit esté changé en Emphiteose.*

REPONSE DU SIEUR LARNAC.

LE Sr. Larnac répond, que dans cette Loi, on demande à l'Empereur si l'Emphiteote peut vendre les biens Emphiteotiques : & l'Empereur répond, qu'on doit suivre sur cela les conditions du Bail Emphiteotique, & s'il ne se trouve pas, il dit que l'Emphiteote ne peut vendre sans le consentement du Seigneur ; mais afin que ce ne soit pas une occasion au Seigneur d'empêcher la Vente, l'Empereur ordonne à l'Emphiteote, de declarer par acte au Seigneur qu'il trouve à vendre les biens Emphiteotiques au prix de *tant*, & que le Seigneur a deux mois pour acquerir au même prix, passé lequel délai il est tenu de mettre l'Aquereur en possession ; & pour éviter que l'avarice des Seigneurs ne leur fit demander une grosse somme

pour

pour confentir à cette vente, elle eft reglée à la cinquantiéme partie du prix de la chofe venduë. (e)

Voila la fubftance de cette Loi, à laquelle le Sr. Larnac a rétranché beaucoup de chofes, qui ne font rien au fait préfent. Il s'agit maintenant de juger, fi cette cinquantiéme partie du prix qu'on donnoit au Seigneur, regarde la vente qui eft faite à un étranger, où celle qui eft faite au Seigneur. Il eft évident que ce n'eft pas celle qui eft faite au Seigneur, parce que lorfqu'il acquiert, il n'eft pas dit qu'il doive payer autre chofe que le prix; ce n'eft donc que pour la vente faite à un Etranger, que le Lods lui eft dû pour le confentement qu'il donne à cette vente; & par confequent le Sr. Larnac, n'a rien ajoûté à cette Loi, qui ne fe trouve dans fa propre difpofition.

Le Sr. de Saint-Aurant pretent que tous les biens emphyteotiques ont un Seigneur, mediat ou immediat, & que lorfque le Seigneur immediat à achetté le fonds emphiteotique, il doit payer les Lods au Seigneur mediat; Mais il fe trompe dans fa fuppofition, parce que du tems des Romains non plus qu'à préfent, il n'y avoit pas deux Seigneurs emphyteotiques. Il eft vray qu'à préfent le Seigneur emphyteotique à un Seigneur feodal au deffus de lui; mais on ne connoiffoit pas ce Seigneur feodal du tems des Romains, & par confequent on ne peut pas trouver dans cette Loi que le Lods lui foit dû.

Jazon demande fur cette Loi, *queft. 3. n. 45.* fi lorfque le Seigneur achete de fon emphyteote, il doit retenir fur la fomme qu'il lui doit payer la cinquantiéme partie du prix: Et il répond qu'elle n'eft dûe, que lorfque la vente eft faite à un Etranger. (f) Cette réponfe juftifie la note du Sr. Larnac, & détruit la fuppofition du Sr. de Saint-Aurant qui admet deux Seigneurs fur un fonds emptyteotique.

Le Sr. de Saint-Aurant demande aprés cela, la raifon pourquoi cette Loi

L. 3. Cod. de jure Emphiteutico

(e) Cum dubitabatur, utrum Emphiteuta debeat cum Domini voluntate fuas meliorationes, quæ græco vocabulo Emponimata dicuntur, alienare, vel jus Emphiteuticum in alium transferre, an ejus fpectare confenfum; Sancimus, fiquidem Emphyteuticum inftrumentum, fuper hoc cafu, aliquas pactiones habeat eas obfervari. Sin autem, nullo modo hujufmodi pactio interpofita eft, vel forte inftrumentum Emphyteufeos deperditum eft: minime licere Emphyteutæ fine confenfu Domini meliorationes fuas aliis vendere vel jus Emphyteuticum transferre. Sed ne hac occafione accepta, Domini minime concedant Emphiteutas fuos accipere præcia meliorationum quæ impenderunt, fed eos deludant, & ex hoc commodum Emphiteutæ depereat: Difponimus autem unam Domino tranfmitti, & prædicere quantum prætium ab alio revera accipi poteft. Et fiquidem Dominus hoc dare maluerit, & tantam præftare quantitatem, quantam ipfe revera Emphyteuta ab alio accipere poteft: Ipfum Dominum omnimodo hæc comparare. Sin autem duorum menfium fpatium fuerit emenfum, & Dominus hoc facere noluerit, licentia Emphyteutæ detur, ubi voluerit, & fine confenfu Domini meliorationes fuas vendere &c. Neceffitatem autem habere Dominos, fi aliis melioratio fecundum præfatum modum vendita fit, accipere Emphyteutam; vel fi jus emphyteuticum ad perfonas non prohibitas, fed conceffas & idoneas ad folvendum Emphyteuticum canonem transponere Emphyteuta maluerit: non contradicere, fed novum Emphyteutam in poffeffionem fufcipere &c. Et ne avaritia tenti Domini, magnam molem pecuniarum propter hoc efflagitent: (Quod ufque ad præfens tempus perpetrari cognovimus) non amplius eis liceat pro fufcriptione fua vel depofitione, nifi quinquagefimam partem prætii, vel æftimationis Loci qui ad aliam perfonam transfertur, accipere &c. Sin autem aliter fuerit verfatus, quam noftra Conftitutio difpofuit jure, emphyteutico cadat.

Jazon Queft. 3. N°. 45. Cod. de jure Emphyteutico.

(f) Tertio Quæro, cum ifte textus loquitur de Emphyteuta qui alienat jus fuum emphyteuticum aut fua melioramenta in tertium, quod tunc Domino debet folui laudimium feu quinquagefima: Quid erit fi ipfemet Dominus emat melioramenta ab ipfo Emphyteuta, an ifto cafu Dominus debebit habere laudimium, perinde ac fi Emphyteuta vendidiffet extraneo. Iftam quæftionem format Albertus hic in ultima colum. Et determinat poft Godofredum, quod non, Quia quinquagefima debetur Domino propter concenfum præftitum Emphyteutæ dum in alterum alienat, fic dicit patenter innuere ifta lex in ifto verficulo, *& ne avaritia* & verf. feq. &c.

D

n'est pas employée dans les Arreſtographes pour fonder la Juriſprudence du Parlement à l'égard des arriere-Fiefs. Si Albery qui eſt le ſeul qui a rapoſté les Arreſts du Parlement étoit en vie, il lui répondroit que cette Loi ne fait nullement au ſujet pour la deciſion d'un cas qu'elle n'a pas prévû.

MOYENS DU Sr. DE SAINT-AURANT.

7°. LE Sr. de Saint-Aurant dit, *que la Loi 3. C. de jure emphyteutico ſoit une regle pour le Seigneur directe, qui achete le Fonds emphyteotique, la gloſſe de cette même Loi y eſt expreſſe.* In. verb. alijs. vendere. Item ſi ſupremus emphyteuta vendiderit, & ſecundus velit nunc vendere, cujus requiritur conſenſus; domini vel emphyteutæ primi? Quidam dicunt. emphyteutæ primi, quia ab eo cauſam habet? Tu dic, domini, quia hæc lex dicit domini conſenſum requiri, & primus emphyteuta deſinit dominus eſſe alienando, nec poſſidet civiliter nec naturaliter, unde ejus non eſt quærenda voluntas.

RÉPONSE DU Sr. LARNAC.

IL eſt ſurprenant que le Sr. de Saint-Aurant ne trouve pas le contraire, de ce qu'il prétent dans cette gloſe, qui eſt, qu'en fait d'emphyteoſe; il ne peut y avoir qu'un Seigneur, quoiqu'il puiſſe y avoir pluſieurs emphyteotes. Dans le cas de cette gloſe, le premier emphiteote à vendu au ſecond, & celui-cy veut vendre à un troiſiéme; on demande à qui il en doit demander la permiſſion; & Accurſe répond, que c'eſt au Seigneur, & que le premier emphyteote n'eſt pas Seigneur, parce qu'il n'a ni la poſſeſſion civile ni naturelle de la choſe emphyteotique; ce qui convient parfaitement avec la réponſe que le Sr. Larnac avoit déja fait ſur l'article precedent. Pour appliquer cette gloſe au fait preſent, le Sr. Larnac eſt-il le premier emphyteote qui en a établi un ſecond au deſſous de lui? Et le Roy eſt-il le Seigneur Emphyteotique? Point du tout. La Seigneurie directe de Cruviers eſt tenuë en Fief de Sa Majeſté, par le Sr. Larnac qui lui en a fait Homage & fourni ſon Dénombrement, & le Sr. Larnac eſt Seigneur directe des Fonds que ſes Auteurs ont donné en emphyteoſe, & dont une partie eſt à preſent réünie à ſa Directe, ce qui eſt fort different de l'eſpece de cette gloſe.

De la maniere que le Sr. de Saint-Aurant entend cette gloſe; il faudroit que le Roy eût les Lods de toutes les ventes qui ſont faites par les emphyteotes du Sr. Larnac, ce que le Sr. de Saint-Aurant même n'oſeroit ſoûtenir.

Pour réconnoître la force de l'uſage, il n'y a qu'à remarquer ſur cette Loi 3. en quoi elle eſt obſervée, & en quoi elle ne l'eſt pas, 1°. L'emphiteote n'eſt point tenu d'avertir ſon Seigneur de la vente qu'il a deſſein de faire, il vend ſans le conſulter, 2°. L'acheteur n'a pas beſoin du conſentement du Seigneur pour ſe mettre en poſſeſſion, 3°. Le lods n'eſt pas reglé à la cinquantiéme partie du prix; il eſt reglé diverſement par la Coûtume des Lieux; c'eſt le ſixiéme du prix en certains endroits & en d'aures moins ; mais toûjours beaucoup plus que la cinquantiéme partie. La peine du Commis contre l'emphiteote qui a manqué d'obſerver cette Loi n'a pas lieu ; il ne nous eſt donc reſté de cette Loi que le droit de Prelation que le Seigneur peut exercer aprés que la vente eſt conſommée, & le droit de Lods qui eſt dû au Seigneur lorſqu'il ne veut pas uſer du droit de Prélation : ce qui fait voir que l'uſage prévaut quelquefois ſur l'autorité des Loix, & cependant le Sr. de Saint-Aurant voudroit faire prévaloir le ſentiment de ſes Docteurs à l'uſage, il y a pourtant bien de la difference a faire entre une Loi & des Auteurs.

MOYENS DU Sr. DE SAINT-AURANT.

8°. LE de Saint-Aurant répond à l'Arreſt du Parlement rendu entre M. de Ventadour & ſon Fermier raporté par Cambolas, & à celui qui a eſté rendu en dernier lieu entre la Dame de Blancar & la Dame de Parlier.

REPONSE DU Sr. LARNAC.

SAns entrer dans cette réponſe, le Sr. Larnac pouroit repliquer, que puiſque le Sr. de Saint-Aurant ne veut pas recevoir les deux Arreſts qu'il a produits, comme une preuve de la Juriſprudence du Parlement de Toulouſe ; c'eſt à lui à juſtifier de l'uſage de la Province, puiſqu'il eſt demandeur, & qu'il n'a point de Titre particulier pour pretendre le Lods qu'il demande. Mais comme il faut toûjours chercher à éclaircir la verité, le Sr. Larnac veut bien entrer dans le détail de ce que le Sr. de Saint-Aurant oppoſe contre ces deux Arreſts.

Le Sr. de Saint-Aurant dit, *que l'Arreſt de Mr. de Ventadour a été rendu entre lui & ſon Fermier, & qu'il n'y a aucune comparaiſon à faire entre un Seigneur & un Fermier.* Le Sr. Larnac répond que cet Arreſt a été rendu ſur un fait tout ſemblable à celui dont il eſt apreſent queſtion. M. de Ventadour avoit fait decreter les biens d'un Particulier habitant de ſes Terres pour le payement de ce qu'il lui devoit ; le Sr. Larnac en a fait de même à l'égard de ſon Emphiteote. De ce fait qui eſt tout ſemblable, il eſt né deux queſtions bien differentes pour le Lods de cette acquiſition ; le Fermier de M. de Ventadour comme exerçant ſes droits, a pretendu que le Lods lui étoit dû par M. de Ventadour, au lieu que c'eſt le Fermier du Roy, comme Seigneur dominant qui le demande, au Sr. Larnac.

Le Sr. de Saint-Aurant *trouve la demande du Fermier de M. de Ventadour ridicule, parce que le Fermier ne pouvoit pas inveſtir ſon Seigneur ;* cependant cette queſtion a parû ſi ſerieuſe à du Moulin & à M. le Preſident Boiſſieu qu'ils l'ont decidée en faveur du Fermier, & M. Cambolas n'auroit pas mis cette queſtion parmi les deciſions notables du Droit, ſi elle avoit été ridicule.

Cette queſtion ſeroit veritablement ridicule, ſupoſé que le Sr. de Saint-Aurant fut fondé dans ſa pretention, parce que ſuivant les ſentimens de du Moulin & de Boiſſieu, le Seigneur ſeroit tenu de payer deux Lods ; ſçavoir, un à ſon Fermier & l'autre au Seigneur dominant ; & ſuivant l'Arsent du Parlement de Toulouse, il auroit été ridicule au Fermier de M. de Ventadour de lui demander un Lods qui étoit dû au Roy ou au Fermier du Domaine. Il faut donc pour éviter le ridicule supposer que M. de Ventadour ne devoit de Lods qu'à lui même, ou à son Fermier, & c'est ce qui fait la condamnation du Sr. de Saint-Aurant.

Le Sr. de Saint-Aurant ajoûte, que *si le Fermier du Domaine avoit actionné M. de Ventadour comme il actionne le Sr. Larnac, il n'auroit pû opposer aucune raison pertinente.*

Le Sr. de Saint-Aurant convient donc par là, que M. de Ventadour ne fût pas actionné par le Fermier du Domaine ; il est donc vray qu'il ne lui paya pas de Lods de cette acquisition : Et voilà justement une preuve de l'usage de la Province ; car on ne peut pas dire que le Fermier du Domaine avoit ignoré cette acquisition, puisqu'elle avoit donné lieu à un procés au Parlement.

Quelle deffense, ajoûte le Sr. de Saint-Aurant, *auroit pû opposer M. de Ventadour, il n'en auroit pas eu une seule de pertinente ; si on prend la peine de bien examiner celles dont il se servoit : l'on voit qu'elles auroient été toutes contre lui, si autre que son Fermier l'ût actionné, excepté pourtant celle, que le Seigneur est investi de droit.*

Mr. de Ventadour oposoit à son Fermier deux moyens, le premier qu'il ne lui avoit affermé que les Droits qui lui étoient dûs, que le Seigneur ne peut pas prendre Lods sur lui même, *cum res sua nemini serviat.* Cette deffense n'auroit pû sans-doute être oposée au Seigneur dominant ; mais elle prouve neanmoins que les Lods ne lui sont pas dûs, puisque M. de Ventadour ne se deffend pas, en disant qu'il devoit le Lods au Seigneur dominant ; mais que nul ne peut se devoir à lui-même, il ne croyoit donc devoir ce droit de Lods à personne.

Le second moyen de M. de Ventadour, est qu'il étoit investi de Droit : peut-être que le Sr. de Saint-Aurant n'a pas fait assés d'attention à ces mots, *le Seigneur Direct est investi de Droit*, des Fonds qui relevent de lui, auparavant même qu'il les ait réünis à son Fief, parce qu'il en a toûjours conservé le Domaine direct, à raison duquel il en est toûjours investi.

Cette raison auroit sans-doute operé la décharge de M. de Ventadour, si le Fermier du Domaine l'ût attaqué, sur-tout, s'il eût ajoûté que suivant l'usage de la Province le Lods n'est pas dû au Seigneur dominant.

Le Sr. de Saint-Aurant ajoûte, *que la maxime que le Seigneur est investi de Droit, ne convient pas aux petites Seigneuries comme celle du Sr. Larnac ; elle ne peut s'appliquer qu'aux Fiefs de dignité, tels que sont les Duchés & Comtés, parce que par un Privilege attaché à leur dignité, ils peuvent créer des Fiefs & des Censives : mais regulierement les particuliers ne peuvent donner en Fief ou en Censive une partie de leur Domaine au préjudice du Roy ; c'est-à-dire sans sa permission.*

Le Sr. Larnac répond, qu'il n'est pas question maintenant d'agiter, si les simples Vassaux du Roy, se peuvent faire des arriere-Vassaux : Elle fût amplement traitée pardevant Mrs les Commissaires du Domaine, à l'occasion du Dénombrement de M. de Ventadour pour tous les Vassaux en général sans distinction, & elle fut decidée en leur faveur en 1690. ensorte que depuis on n'a fait de la peine à personne, lorsqu'on a dénombré des arriere-Fiefs.

Mais

Mais pour ôter toute envie de repliquer là-deſſus, le Sr. Larnac ajoûtera qu'il a dénombré les Cenſives qu'il a ſur les domaines qui relevent de lui ; & par conſequent point de difficulté que le Roy n'ait aprouvé le Bail emphyteotique, que ſes Auteurs ont paſſé : cela étant ainſi, qu'elle difference peut-on mettre entre M. de Ventadour qui avoit conſolidé à ſa Directe, un fonds qu'il avoit fait decreter & le Sr. Larnac qui a conſolidé à la ſienne, un fonds qui releve de lui & qu'il a fait auſſi decreter. Il n'y a dans cette occaſion aucune difference à faire de grand ou de petit Seigneur, l'un & l'autre ſont Seigneurs directes, & par conſequent l'un & l'autre ſont inveſtis de droit.

Le Sr. de Saint-Aurant s'étonne toûjours, *qu'on n'ait pas également décidé pour toute ſorte de réünions, qu'on n'eſt pas tenu d'en payer le Lods au Seigneur dominant ; puiſque la raiſon que le Seigneur eſt inveſti de Droit eſt également forte pour le Seigneur qui unit l'Emphiteoſe, que pour celui qui unit l'arriere fief.*

C'eſt beaucoup que le Sieur de Saint-Aurant, convienne que cette raiſon eſt égale pour l'un & pour l'autre, il n'a pas cependant déquoi s'étonner, que le Parlement n'y ait pas prononcé, parce qu'il ſçait bien que le Parlement ne prononce que ſur les procés qui arrivent, & il ſuffit que celui-cy ne ſoit pas arrivé ; Mais il y a bien plus déquoy s'étonner, que le Sr. de Saint-Aurant entreprene un procés, que perſonne n'avoit oſé entreprendre, ſçachant que le Parlement s'eſt expliqué pour les arriere-Fiefs, & que c'eſt la même raiſon pour les Cenſives.

A l'égard de l'Arreſt du Parlement, rendu entre la Dame de Parlier & la Dame de Blancar le 16. May 1700. le Sr. Larnac a donné ordre pour le faire expedier en bonne forme, auſſi-bien que la Sentence du Senéchal de Nîmes, ſur lequel il a été rendu, afin de ne rien répondre qu'il ne puiſſe juſtifier.

C'eſt la réponſe que le Sr. Larnac a crû devoir faire aux dernieres écritures du Sr. de Saint-Aurant, & il croit y avoir répondu ſuffiſamment, ſans entrer dans la diſcuſſion des Auteurs, ſur le ſentiment deſquels il prendoit faire rouler cette affaire. Il eſt certain que ces Auteurs n'ont pas été commis pour réformer les uſages du Languedoc, & ſi cela eſt, ils ne doivent pas être écoutés, puiſque ce n'eſt pas leur ſentiment, mais l'uſage qu'on doit ſuivre.

OBSERVATIONS DU Sr. LARNAC
ſur les Auteurs cités par le Sr. de Saint-Aurant.

LE Sr. Larnac ſe croit neanmoins obligé de vanger l'honneur de quelques Auteurs, à qui le Sr. de Saint-Aurant attribuë des ſentimens qu'ils n'ont pas eu, & il doit encore détromper ceux qui pourroient croire, que tous les Auteurs doivent être pour le Sr. de Saint-Aurant ; puiſque le Sr. Larnac n'a pas voulu les appeller à ſon ſecours : Cependant il proteſte que tout ce qu'il va ajoûter icy, ne ſera que pour ſoûtenir les interests de la verité, & non les ſiens propres ; & il conſent qu'il ſoit rayé de ſes écritures.

Le Sr. de Saint-Aurant à dit dans ſes écritures, ſignifiées le 30. Juin

E

dernier, qu'en matiere de Fiefs & d'Emphytéose, les Docteurs avoient decidé la question presente, de la maniere la plus formelle qu'on le puisse souhaiter. C'est la décision de Guillaume Durant Evêque de Mende, en ces termes. Centesimo vigesimo sexto. Quæritur, quid si domini consensu alii dederit in Emphyteusim, & secundus Emphyteuta velit jus suum vendere alii; quæritur, quis habebit pecuniam quæ pro subscriptione seu confirmatione præstatur? Et dic, quod primus Dominus, cujus consensus est requirendus, quia ipse novum Emphyteutam debet inducere in possessionem.

Il ne faut que faire un peu plus d'attention à ces paroles, que n'a fait le Sr. de Saint-Aurant, pour dire que la question presente, ne se trouve point decidée dans cet endroit. Voici la question de Guillaume Durant Un Emphyteote du consentement de son Seigneur, avoit donné son Emphyteote à un second, s'il arrive que celui-ci veüille vendre à un autre on demande a qui appartiendra, ce qu'on donne pour la confirmation de cette vente, & l'Auteur répond que c'est au premier Seigneur, à qui il faut demander son consentement.

Voicy maintenant la question du Sr. de Saint-Aurant, le Seigneur de Cruviers a donné; il y a déja long-tems en Emphiteose, une partie de la terre qu'il tient en Fief du Roy, & maintenant le Seigneur de Cruvier a achetté une partie des biens Emphyteotiques, le Sr. de Saint-Aurant prétend, que c'est au Seigneur dominant; ce n'est donc pas le même cas Dans le cas de Durant, il y a un Seigneur direct & deux Emphyteotes dans celui du Sr. de Saint-Aurant, il n'y en a qu'un. Dans celui de Durant le second Emphyteote ne vend pas au premier; & dans le cas du Sr de Saint-Aurant, c'est le Seigneur qui acquiert du premier Emphyteote. Le cas de Durant est le même que celui de la glose d'Accurse sur la Loi 3. *de jure Emphyteutico*; & ces Auteurs conviennent qu'il ne peut y avoir qu'un Seigneur direct, quoiqu'il puisse y avoir plusieurs Emphyteotes. C'est ainsi que nous disons qu'il n'y a que le premier cens qui soit seigneurial: tous les autres droits ne sont proprement que des rentes, c'est pourquoi le Lods de l'Emphyteose, est dû au Seigneur, qui le premier s'est reservé la directe & le droit de Cens.

Il est encore necessaire de restituer l'honneur à du Moulin. Le Sr. de Saint-Aurant dit, *que ce qu'il y a de singulier, est que du Moulin lui-même, qui a crû qu'il n'étoit pas dû Lods de l'acquisition d'un Fief noble, n'a pas fait difficulté de dire qu'il etoit dû, quand il a été question de l'Emphyteose; c'est sur l'article 51. de l'ancienne Coûtume de Paris, qui est le 73 de la nouvelle glos. 1. n. 21. Il convient qu'en matiere d'Emphyteose le Lods est dû au Seigneur dominant, au premier Seigneur, & que generalement tous les Docteurs qu'il rapporte en foule, sont de ce sentiment.*

Ce qui a empêché le Sr. de Saint-Aurant d'entendre ce que du Moulin dit dans cet article, vient de ce qu'il n'avoit pas lû ce qui precede le n. 21 Il faut pour cela rémonter au n. 18. où il forme la question, si un Censitaire en peut établir un autre; & il dit que le Vassal peut faire un arriere-Vassal. Dans le n. 19. il dit que le premier Emphyteote en peut faire un second, & le second un troisiéme. Dans le n. 20. il dit qu'il n'en est pas de même des Censives que des Fiefs; que la Coûtume permet de faire des arriere-Fiefs, mais ne permet pas d'établir des arriere-Censives.

Aprés cela, dans le n. 21. il ajoûte à sa conclusion, *facit quod in Emphy-teusi Doctores ubique tenent, solum primum dominum requirendum esse, & illi soli jura & laudimia deberi.* Et aprés avoir cité plusieurs Auteurs, il repe-te qu'il ne peut y avoir plusieurs Seigneurs Censiers d'un même fonds ; quoi-qu'il puisse y avoir plusieurs Seigneurs feodaux d'un même fonds, ce qui est expressement porté par plusieurs Coûtumes qu'il cite, & il atteste que quoi-qu'il y en ait plusieurs, qui n'en fassent aucune mention ; c'est pourtant l'usa-ge général du Royaume. Voilà tout ce qui est contenu dans cet article 21. (g)

Ce qui a trompé le Sr. de Saint-Aurant ont été ces mots (*solum pri-mum dominum requirendum esse*) ce qu'il a pris d'abord pour le Seigneur dominant, quoique ce soit le premier Seigneur Emphyteotique, lequel est le seul & veritable Seigneur direct ; ainsi qu'on l'a déja vû. Tous les Au-teurs rapportés en cet endroit par du Moulin, n'en disent pas d'avantage ; de sorte qu'on ne peut pas prétendre que du Moulin, ni les Auteurs qu'il a cité ayent decidé, comme le pretendoit le Sr. de Saint-Aurant, que le Seigneur direct qui acquiert un fonds mouvant de lui, doit un Lods au Seigneur dominant.

Il faut prouver maintenant que du Moulin a dit positivement, que les Lods n'étoient pas dûs au Seigneur dominant pour la réünion des rotures, comme pour la réünion des arriere-Fiefs. Au §. 78. glos. 1. n. 112. il deman-de, si le Seigneur qui a achetté un fonds de son Vassal, ou de son Censi-taire, venant à être évincé par retrait lignager, le rétrayant est tenu de lui payer le Lods où le Quint denier ; & il répond qu'il semble d'abord qu'il ne le doit pas, parce que si on considere la premiere vente faite au Sei-gneur, il n'a été payé aucun droit, & il n'en est dû aucun. *Quia si consideremus primam venditionem factam domino, nulla jura orta sunt nec deben-tur ex illa venditione :* quoique cette proposition ne soit icy employée que pour faire un objection, elle est pourtant si claire & si precise, qu'il n'y a pas moyen d'en douter. *(h)*

Du Moulin sur la Coûtume de Paris. §. 73.

(g) N. 18. 5°. Quæro utrum censuarius possit alium censuarium facere, & non quæritur an possit prædium censuale totum cum onere suo transferre in alium, nullo jure retento, vel etiam retento re-tu annuo, vel alio quovis jure fundiario, sed non censuali &c. Sed quæstio est, an censuarius totum vel partem prædii censualis alii concedere possit in certum censum sibi soluendum jure dominico tan-quam Domino censuali & cum oneribus censualibus? Prima facie videtur quod sic, quemadmodum in feudo licitum est Vassallo subinfeodare &c.

N°. 19. 2°. Quia de jure Emphyteuta potest sibi de consensu Domini secundû Emphyteutam acquirere &c.

N°. 20. Contrarium dicendum est, aliud esse in feudo & aliud in censu, & ratio differentiæ est quia in feudo consuetudo permittit Vassallo, retenta fide, quoquomodo libuerit, disponere de feudo &c. secus in censu, ubi consuetudo non exprimit hanc licentiam, nec permittit censuario facere secundum subordinatum censuarium ; & ita differenter servari de consuetudine in feudo & censu, testatur Joannes Faber &c. Sed nec in censu nec in Emphyteusi hujusmodi subordinationem admittet. Solus igitur pri-mus Dominus censualis exigit professionem censualem, laudimia, mulctas: Solus investituram faciet & juribus dominicis utetur.

N°. 21. Facit quod in Emphyteusi Doctores ubique tenent solum primum Dominum requirendum esse & illi soli jura & laudimia deberi &c.

Du Moulin sur la Coûtume de Paris §. 78. Glos. 1. N°. 112.

(h) 8°. Principaliter quæro, quid si Dominus emerit a Vassallo vel censuario fundum, vel rem cen-sualem ; deinde cognatus venditoris jure proximitatis retrahit a Domino, utrum teneatur ad laudimia vel quintum prætii? Videretur quod non : quia sive consideremus primam venditionem factam Domino, nulla jura orta sunt, nec debentur ex illa : Sive consideremus retractum adhuc minus quia ex retractu cum non sit nova venditio & retrahens non dicatur emere a Domino nec cum illo contrahere, quo-niam ab invito ex potestate consuetudinis retrahit &c. Quibus nonobstantibus dicendum omnia jura deberi : Quia retrahens eo ipso subrogatus in emptionem in locum Domini, & in omnibus perinde ac si primo loco a vendente emisset &c.

Le même Auteur dans l'article suivant, demande si le Seigneur après avoir affermé sa Terre avec tous les droits & émolumens qui lui peuvent competer, achette quelqu'un de ses arriere-Fiefs, ou quelque terre tenuë en censive, est tenu d'en payer le Lods à son Fermier ; & il répond qu'il y est tenu, de même qu'il seroit tenu de le payer à celui qui auroit l'usufruit de sa Terre. (*i*)

Au même §. glos. 1. n. 5. Il dit que l'article 78. de la Coûtume de Paris, qui porte que l'achetteur d'un fonds est tenu de payer les Ventes au Seigneur censier, de qui le fonds réleve, n'a pas lieu lorsqu'il achete du Seigneur direct, qu'à lors il ne doit que le prix de son achat, parceque c'est comme s'il lui infeodoit de nouveau, c'est pourquoi soit que le Seigneur achete, soit qu'il retire par puissance de Fief, il confond en sa main tout ce qui lui est dû, & pour prouver cette confusion, il cite Albert & Jason, qui disent que lorsque le Seigneur achete l'Emphyteose, il ne peut pas demander la cinquantiéme partie du prix. (*k*)

Mais ce n'est pas encore assés, il faut encore justifier que le sentiment de du Moulin, est le sentiment commun. Baquet au Traitté des Droits de Justice chapitre 14. n. 7. s'explique sur la réünion des Fiefs, & au n. 12. sur celle des Rotures, & il dit qu'il n'est dû aucuns Droits au Seigneur dominant ; & son principe est, que la réünion de l'utile à la directe, n'est pas une acquisition, & que s'il étoit dû quelque droit, le Seigneur ne le devroit qu'à lui-même.

Brodeau sur l'article 53. de la Coûtume de Paris n. 12. 13. 14. & 15. après avoir cité Pontan, du Moulin, Coquille, Baquet, le Prêtre, Desiderius, Heraldus & Tronçon, qui sont d'avis que les Droits ne sont pas dûs au Seigneur dominant, cite pour l'opinion contraire Boyer, d'Argentré & Charondas, & pour lui il dit, *qu'il n'estime pas qu'il y ait lieu de distinguer entre l'aquisition par contrat, & celle qui est faite par retrait, & qu'en l'un & en l'autre cas, il n'est dû aucun Droit au Seigneur superieur, duquel l'arriere-Fief acquis ou retenu, n'est pas mouvant immediatement avant l'acquisition ; & il est vray de dire qu'il n'y a pas mutation à son égard, comme il a été clairement montré par Pontanus & du Moulin, jusques-là même que l'Hommage n'est point dû pour cette réünion*, dit Loysel en ses Institutes Coûtumieres *Liv.* 4. *tit.* 3. *des Fiefs art.* 92. en ces termes. *Le Seigneur qui a réüni à sa table le Fief de son Vassal, n'est tenu en faire Hommage à son Seigneur ; mais avenant mutation de part ou d'autre, doit faire Hommage du total comme d'un Fief uni.*

Le Sr. de Saint-Aurant cite encore Amadœus à Ponte Auteur étranger,

---

(*i*) N. 113. 9°. Quæro, Dominus locavit feudum a quo subfeuda & census dependent, una cum furibus omnibus & apendiciis, ita quod etiam commoda jurium dominicalium includuntur, deinde emit aliquod ex illis subfeudis vel rebus censuariis, an teneatur soluere vel deducere quintum prætii aut laudimia colono suo ? Breviter respondi. Sic, quemadmodum & illi cui cessisset usum fructum.
Idem. §. 78. *Glos.* 2.

(*k*) N°. 5. Nunc limito textum nostrum ut procedat in eo qui emit a censuario, vel ab alio quam a Domino directo, secus in emente ab ipsomet Domino directo ad quem quoquomodo res fuit reversa, etiam si Dominus noluerit eam dominio suo unire, sed statim vendere ad onus antiqui census, nulla enim jura ultra prætium tenebitur emptor solvere, quia perinde est ac si fieret noua concessio in censum : Et sic nulla jura debentur pro hac vice, & etiam non sunt imposita nisi censuario vendenti & ipsi emptori. Unde sive Dominus directus emat sive ab emptore retrahat, sibi confundit. Facit quod notant Albert & Jazon, quod quandiu Dominus ipse emit vel acquirit jus Emphyteuticum non potest petere quinquagesimam.

mais

mais au lieu de favoriser sa pretention, il decide la question des Lods en faveur du Sr. Larnac; & l'Arrest du Senat de Chambery, qui est raporté par cet Auteur, ne fait rien à la question presente, puisqu'il décide que le Seigneur dominant qui achete l'arriere-Fief doit le Lods à son Vassal, comme étant le Seigneur immediat. (*l*)

Le Sr. de Saint-Aurant en citant contre lui-même Amædeus à Ponté, donne occasion au Sr. Larnac de lui opposer les sentimens de Blancar & de Maurus Burgius (*m*) qui ont encore decidé cette question contre lui.

Il semble qu'à force de citer des Auteurs, le Sieur de Saint-Aurant ait voulu engager le Sieur Larnac à les lire pour les lui opposer; cependant quoique ces Auteurs lui soient favorables, il ne prendra pas le change sur la maniere de deffendre sa cause, & il ne pretend en tirer d'autres avantages, que le plaisir de voir que le Sr. de Saint-Aurant se trompe souvent dans ses citations, & que les Auteurs qu'il croyoit estre pour lui, le condamnent. Ce nombre d'Auteurs, tant François qu'Etrangers, dont les sentimens sont conformes à l'usage du Languedoc, fait encore voir que cet usage est generalement reçû dedans & dehors le Royaume.

Il ne faut pas s'étonner que d'Argentré ait été d'avis, que les Lods sont dûs aux Seigneurs dominans; il écrivoit sur l'ancienne Coûtume de Bretagne qui leur en adjugeoit le tiers, & on peut dire que c'est la seule du Royaume, qui porte une pareille disposition.

L'Arrest du Parlement de Paris de l'année 1453. rendu sur la Coûtume de Vitry, & qui faisoit le plus ferme fondement de l'avis de Boyer, ne

Amedeus a Ponte quæst. 21.
) *l*) Amplia etiam si Vassallus emat sub feudum, ut superiori Domino non teneatur solvere laudimium, Brunius tamen Conc. 125. diversum censet, ubi tertia pars prætii solvi debet per venditorem propter firmius jus, quod Domini habent in hujusmodi tertiis venditionibus. Ego idem existimo procedere in tertia venditione, quod in laudimio, cum militet eadem ratio oneris solvendi per emptorem. Brunii tamen opinio procederet, ubi plures essent Domini, & unus tantum emeret, quia pro parte aliorum ipsis deberetur laudimium, ut infra videbimus. Idem ubi duo essent Domini superior & immediatus, & Dominus superior emeret jus Emphyteuticum quod movetur immediate à Vassallo. Idem si superior Dominus illud idem jus postea vendat alteri. Nam emptor tenebitur solvere immediato, nec enim ex facto Domini superioris jus Vassalli lædi debet, & ita judicavit senatus Sabaudiensis.

Blancar sur la même Question 22.
(*m*) Quærit Rendela, an si eo casu, quo Emphyteusis Domino directo alienatur & nullum præstatur laudimium, contigerit jure congrui ab eodem amoveri. Ita censeatur jus laudimii per consolidationem extinctum, ut id repetere non possit, & asserit posse consequi ac si revera illud persoluisset. Num. 34. de jure Protimiseos verbo per Emphyteusim, ejusdemque Sententiæ autores citat Tiraq. & alios.

Quærit Sola, si pro ea Emphyteusi quæ Domino directo alienatur, is Principem recognoscere teneatur, an laudimium Principi consolidationis gratia dandum sit, mihi videtur subdubius & anceps, in eam tamen sententiam inclinat, ut non debeatur; quoniam tunc extinguitur potius quam transferatur utile dominium pro quo laudimium debetur.

Maurus Burgius de Laudimio parte 1. *Inspectione* 3. *N.* 14.
Sæpissime dubitare contingit, an Emphyteutarius emens Emphyteusim, vel si jure prælationis ad eum perveniat, utrum consanguineus venditoris ab eo retrahens, teneatur ei solvere laudimium, quod ipse Emphyteutarius minime solvit sibimet, mediante jurium confusione, &c. *Et au N°.* 69. *il ajoute*, Quia Dominus directi emens Emphyteusim, censetur emere solum utile dominium existens penes Emphyteutam vendentem; quo fit, quod stante consolidatione, reunione, seu confusione dominii utilis cum directo dominio, Emphiteusis non dicitur amplius in rerum natura, at dicitur res allodialis, prout erat ante concessionem ad Emphyteusim. *Le même Auteur Inspect.* 4. *N.* 41. Item ex prædictis sequitur alia decisio, quod Dominus directus emens utile dominium seu meliorationem ab ejus Emphyteuta, de prætio emptionis laudimium deducere minime valet, seu illud petere, sicut si venderetur extraneo, ut in specie tradunt &c. Moventur ea potissima ratione, quoniam laudimium solvitur per emptorem, ob consensum præstitum novo Emphiteutæ per Dominum directum. Item, in talibus casibus cessant omnes rationes, propter quas ipse Dominus recipit laudimium ob aprobationem novi Emphyteutæ vel inductionem possessionis. Insuper cum ipsemet Dominus sit emptor, deberet habere laudimium a se ipso, quod fieri nequit, cum solutio, & receptio laudimii præsuponat necessario personarum diversitatem scilicet dantis & recipientis, & unamet persona non potest esse debitrix & creditrix, nec agens & patiens

F

seroit pas suivi à present, parce que la difposition de l'article 35. de cette Coûtume eft formellement contraire à cet Arreft, en ces termes. *Quand le Seigneur rachette de fon Vaffal le Fief tenu & mouvant de lui, il en doit faire Hômage à celui dont il tient le plain Fief, & ne doit pour cette fois aucun Quint ou Requint* ; ce qui a été fans-doute ordonné ainfi, pour déroger à cet Arreft & rendre cette Coûtume conforme en ce point aux autres.

De forte qu'à la faveur des fentimens de Boyer & d'Argentré, le Sr. de Saint-Aurant voudroit introduire en Languedoc, un Droit de Lods au profit des Seigneurs dominans, contre l'Ufage non-feulement de la Province, mais peut-être de tout le Royaume, à la referve de la Bretagne, ce qui n'eft pas fuportable.

Toute cette difgreffion doit confirmer ceux qui la liront, que ce n'eft pas dans les Auteurs qu'il faut chercher la decifion de la matiere feodale du Languedoc, qui confifte toute dans l'ufage de la province & dans les Titres que les Seigneurs peuvent avoir : ce qui eft une regle bien plus feure que les opinions des Particuliers.

MOYENS DU Sr. DE SAINT-AURANT

PAr une continuation d'Inventaire, le Sr. de Saint-Aurant a produit une *Requête prefentée par le Seigneur de Saint Paulet à Mrs. les Commiffaires du Domaine, pour fe rendre oppofant en vers le Jugement du 19. Juin 1679. & en décharge du droit de Lods demandé par le Fermier du Domaine, étant aux droits du Roy, Seigneur dominant du Seigneur de Saint Paulet, à caufe du Decret obtenu par le Syndic des Chartreux de Valbonne, fur les biens roturiers mouvant du Fief & Directe du Sr. Saint Paulet; & le Jugement rendu par lefdits Srs. Commiffaires le 29. Octobre 1680. qui condamne ledit Sr. de Saint Paulet au payement defdits Lods & Ventes.*

REPONSE DU Sr. LARNAC.

LE Jugement rendu contre ledit Sieur de faint Paulet ne fait rien au fait prefent. Les Chartreux de Valbonne avoient fait decreter une partie des terres dudit Sr. de faint Paulet, ils ne pouvoient qu'en payer les Lods au Roy, parce qu'ayant été mis par le decret au lieu & place du Sr. de faint Paulet; ils ne pouvoient les tenir & poffeder que de la même maniere qu'il les poffedoit lui-même, c'eft-à-dire, relevant du Roy; & par confequent ils étoient fujets au Lods pour cette nouvelle acquifition : car il eft à remarquer que le Sr. de faint Paulet n'eft pas condamné de les payer pour lui, mais pour les Peres Chartreux dont il avoit pris le fait & caufe; ce qui n'a aucun raport avec la queftion prefente.

MOYENS DU Sr. DE SAINT-AURANT.

LE Sr. de Saint-Aurant produit un *Arreft de la Cour du 28. Novembre 1694. rendu entre Jean Chapelier, Confeigneur de Montaren & les Receveurs & Controlleurs généraux du Domaine, par lequel ledit Chapelier a té condamné à payer au Roy son Seigneur dominant, le droit de Lods des biens roturiers par lui acquis mouvans de son Fief.*

REPONSE DU Sr. LARNAC.

IL paroît par cet Arreſt, que le Sr. Chapelier voulant acquerir la Conſeigneurie de Montaren d'Henry de Narbonne, Seigneur & Baron de Faugeres, avoit paſſé deux Contrats avec lui. Le premier pour la Juſtice & Directe dudit Montaren le 31. Octobre 1693, & l'autre le premier Novembre de la même année pour les terres rurales, & comme ces deux Contrats paſſés à un jour l'un de l'autre & entre les mêmes perſonnes, faiſoient voir clairement qu'on n'avoit ainſi partagé cette vente, que pour fruſtrer Sa Majeſté du droit de Lods, qu'elle auroit eu ſur l'entier prix de la terre, ſi elle avoit été venduë par un même Contrat; la Cour des Aydes qui n'a pû ſupporter cette fraude, a condamné le Sr. Chapelier au payement du Lods entier de ces deux Contrats.

Mais ce n'eſt pas le fait de la queſtion preſente, lorſque le Sr. Larnac à acquis les biens de ſes Emphyteotes, il y avoit déja long-temps qu'il étoit Seigneur de Cruviers, & ce n'eſt pas d'eux qu'il avoit acquis cette Seigneurie; c'eſt pourquoi le cas du Sr. Larnac eſt tout different de celui du Sr. Chapelier, il y a une fraude dans celui du Sr. Chapelier, & il n'y a qu'une bonne foy toute entiere dans celui du Sr. Larnac.

MOYENS DU Sr. DE SAINT-AURANT.

ON reprendra en cet endroit ce que le Sr. de Saint-Aurant avoit dit contre l'Arreſt du Parlement de Touloufe du 16. May 1700. rendu entre la Dame de Blancar, & produit par le Sr. Larnac; il diſoit que cet Arreſt n'étoit pas expedié en forme, & il avoit défié le Sr. Larnac de prouver par la qualité, par le Vû ni par l'ordonné de cet Arreſt, que la Dame de Parlier eût conſolidé l'utile à la Directe, par un Contrat d'aquiſition ou par un Decret. Il demandoit déja au Sr. de Larnac un autre Arreſt qui decidat cette queſtion ſelon ſon deſir; & il ajoûtoit qu'il étoit conſtant que ſi l'utile avoit été conſolidé à la Directe par acquiſition volontaire ou forcée, on auroit trouvé dans le Vû de l'Arreſt, où le Contrat où le Decret; & cependant on n'y trouvoit ni l'un ni l'autre.

REPONSE DU Sr. LARNAC.

LE Sr. Larnac voyant par cette réponſe, que le Sr. de Saint-Aurant croyoit entendre cet Arreſt beaucoup mieux que lui, répondit alors qu'il l'alloit faire expedier en forme, & la Sentence du Senéchal de de Nîmes, ſur laquelle il a été rendu, afin de ne rien répondre qu'il ne pût juſtifier, & il étoit prêt à ſe départir de cet Arreſt, s'il avoit verifié qu'il s'en étoit ſervi mal à propos.

Il a reçû à preſent l'un & l'autre en bonne dûë forme, & on voit clairement par la Sentence du Senéchal de Nîmes du 13. Decembre 1695. que le Sr. de la Deveze mari de la Dame de Parlier, avoit fait diverſes con-

ſolidations à ſa Directe, & par exprés les biens de feu Pierre Fillol, ſitués
au lieu de Segalieres ſur leſquels le Sr. de la Deveze avoit obtenu Decret
d'autorité de la Chambre de l'Edit du 10. Decembre 1661. Que la Dame
de Blancar demandoit à la Dame de Parlier le Lods de cette conſolidation :
qu'elle demandoit encore les Lods de la conſolidation de certains biens
qui faiſoient 24. ſols de Cenſive à ladite Dame de Blancar, à laquelle
avoit été reduit un droit de Taille, auquel leſdits biens étoient ſujets. Qu'à
l'égard du Lods de la premiere conſolidation, la Dame de Parlier en fût
déchargée, & qu'elle fût condamnée à payer les Lods de la ſeconde, &
par l'Arreſt du Parlement de Toulouſe du 16. May 1700. il paroît que ſur
l'Appel de cette Sentence relevé par ladite Dame de Parlier, elle fut encore déchargée du payement des Lods de cette ſeconde conſolidation.

Il ſemble à preſent que le Sr. Larnac a ſatisfait à tout ce que le Sr. de
Saint-Aurant pouvoit demander au ſujet de cet Arreſt, l'Acte de conſolidation qu'il cherchoit, eſt datté dans la Sentence ; c'eſt un Decret du 10.
Decembre 1661. Le Sr. de Saint-Aurant ne doit donc pas demander un
autre Arreſt, pour s'éclaircir ſur la Juriſprudence du Parlement de Toulouſe, puiſqu'il trouve dans celui-cy tout ce qu'il faut pour cella.

Que deviendront à preſent les ſentimens de Durant, de Boyer, de Deſ-
peyſſes, de Geraud Auteurs de la Province, & qui en connoiſſoient ſi bien
les Uſages, comme le pretendoit le Sr. de Saint-Aurant, il falloit diſoit-il,
par un raiſonnement des contraires, que le Parlement s'étant expliqué ſur
les Fiefs & non ſur les Rotures, ſa Juriſprudence fut differente ſur l'un & ſur
l'autre. Il s'étonnoit de temps en temps, en diſant, ſi le Vaſſal eſt toûjours inveſti de droit de tout ce qu'il réünit à ſon Fief, le Parlement auroit dû decider la queſtion de la conſolidation des Rotures en même-temps
que celle des Fiefs. Mais en preſence de l'Arreſt qu'on vient de rapporter,
tous les Auteurs ſont condamnés au ſilence & tous les raiſonnemens du
Saint-Aurant, doivent être mis au rang des diſcours inutiles.

Si on conſidere cet Arreſt avec attention, on trouvera que le Parlement
n'en a jamais rendu un plus formel en ſemblable matiere ; il s'agiſſoit
d'une conſolidation des biens roturiers qui avoient été decrétés par un Seigneur Direct, dont une partie étoit ſujete à un droit de Taille, qui avoit
été converti en ſeconde cenſive. Le Senéchal de Nîmes qui n'avoit
pas héſité de décharger le Seigneur Direct du Lods de la conſolidation pour
les biens qui ne relevoient que de lui, n'avoit pas crû pouvoir l'en décharger pour les biens qui étoient ſujets à cette ſeconde cenſive envers le Seigneur dominant ; mais le Parlement conſiderant qu'il ne peut y avoir qu'un
Seigneur Direct, auquel le Lods ſoit dû, a reformé cette Sentence & déchargé le Seigneur Direct du Lods qui lui étoit demandé pour tous les biens
qu'il avoit conſolidé à ſon Fief.

Obſervations ſur les ſentimens de Boyer & d'Argentré.

JUſqu'à preſent on ne s'eſt pas mis en peine d'entrer dans les raiſonnemens de ces Auteurs, pour ne pas donner cet avantage au Sr. de
Saint-Aurant de croire que la déciſion de ſa demande, dépend de l'exa-
men de leurs raiſons ; mais à preſent que le Sr. Larnac croit avoir ſuffiſamment

ment établi ; que ce n'est pas sur les sentimens des Auteurs que son procés doit estre jugé : il croit pouvoir faire usage de la raison, & dire son sentiment sur celui de Boyer & d'Argentré.

Quoique ces deux Auteurs soient du même sentiment sur la question des Lods des arriere-Fiefs que le Seigneur unit à son Fief ; ils se sont servis de deux moyens opposés & qui se contredisent. Boyer soûtient que les choses qui sont consolidées par des Titres differens, sont toûjours differentes en elles-mêmes. (n) D'Argentré au contraire, prouve fort au long sur l'article 340. de la Coûtume de Bretagne que cette consolidation est si necessaire, qu'on ne pourroit pas en empêcher l'effet ; (o) de sorte qu'en combattant les principes de ces deux Auteurs l'un par l'autre, on pourroit combattre en même-temps la conclusion qu'ils en tirent.

Mais pour répondre directément à leurs principes, si l'arriere-Fief qui a été acquis par le Vassal subsiste separé de son Fief, comme le pretend Boyer, l'acquereur de l'arriere-Fief ne peut devoir de Lods qu'au Seigneur du Fief ; & comme c'est la même personne, elle ne peut le devoir qu'à elle-même.

A l'égard d'Argentré, il tire de la consolidation deux conséquences, auparavant d'en venir au payement des Lods. La premiere, que par cette consolidation, il se fait un changement par rapport à l'arriere-Fief, qui perd sa qualité pour devenir une partie du Fief auquel il a été consolidé : & par rapport au Vassal qui devient par cette acquisition immediat d'une chose dont il étoit Seigneur ; & comme les sont Lods dûs par le changement du Vassal qui achete, & qu'ils sont dûs au Seigneur immediat ; il conclut que le Lods est dû au Seigneur dominant.

La plûpart des Auteurs qui ont écrit depuis Argentré, ont pretendu au contraire, qu'il n'arrive aucun changement lorsque le Seigneur consolide l'utile à sa Directe, parce qu'il a été toûjours Vassal de l'arriere-Fief comme de son Fief, & qu'il portoit l'Homage au Seigneur dominant de l'un & de l'autre ; & il n'y a de changement depuis l'acquisition de l'arriere-Fief que pour le dénombrement du Domaine utile. Et si d'Argentré convient sur l'article 340. de la Coûtume de Bretagne, que le Seigneur peut infeoder de nouveau l'arriere-Fief qu'il avoit acquis, (p) parce qu'il ne se fait alors aucun changement à l'égard du Seigneur dominant ; pourquoi y auroit-il du changement à réünir cet arriere-Fief.

Tous les Auteurs ont donné au Seigneur qui acquiert l'arriere-Fief, la qualité du Seigneur immediat, quoiqu'il la perde dans la suite aprés son acquisition, parce qu'on n'a égard qu'au temps qui a precedé l'acqui-

Boerius in consuet Bitur. Tit. des coûtumes des Fiefs & Cens. §. 5.

(n) Sed quid, Vassallus acquisivit partem feudi quod dependebat a suo feudo, quod tenebat a quodam Domino qui petit rachatum pro parte retrofeudi acquisiti &c. Dico quod tenetur per §. si cui, Et quæ notant Joan. Faber & Angelus Aretinus Instit. de legat. ubi dicitur, quod illa quæ consolidantur non videntur acquisita illo jure seu titulo quo res cui consolidantur tenentur, & consentit alia a tali proprietate, & ideò tanqnam alia judicanda sunt & per se.

Argentré sur l'Art. 340. de ladite Coûtume.

(o) Per consolidationem enim, quàm franci reversionem solent appellare, utriusque dominii directi & utilis fit unum totum & feudum serviens regreditur & refunditur in superius dominans & unitum perdit nomen & appellationem suam & naturam mutat, & cùm ante per se consisteret, separato jure & titulo, fit nunc pars & membrum alterius, &c.

(p) Et sur la fin, Etsi non negandum quin dominus talia sic ad se reversa rursus eadem lege cum suis juribus & Vassallis infeodare possit, &c.

G

sition & non pas à celui qui a suivi. d'Argentré n'a pû s'empêcher de con-
siderer le Seigneur qui acquiert l'arriere-Fief qui dépend de lui comme le
Seigneur immediat, à l'égard des deux tiers du Lods qui sont dûs par le Vendeur ; il faut donc (selon lui) que pour la même acquisition il y ait deux
Seigneurs immediats ; sçavoir, le Seigneur dominant pour le tiers du Lods, qui
est dû par l'acquereur, & le Vassal pour les deux tiers du Lods qui sont dûs par
vendeur. C'est la contradiction où l'on tombe quelques-fois lorsqu'on
veut rendre-raison des Coûtumes. Dans celle de Bretagne art. 71. il est dit
en general, que le vendeur doit les deux tiers des ventes & l'acquereur
l'autre tiers. Et dans l'article 69. que le Seigneur qui acquiert ce qui releve de lui doit le tiers du Lods au Seigneur dominant. (q) Ces deux arti-
cles ne se contredisent pas, parce qu'ils sont faits pour des cas differents,
mais on se contredit lorsqu'on veut dire que le Seigneur dominant est le
Seigneur immediat, parce que s'il l'est à l'égard de l'acheteur, il doit l'estre
à l'égard du vendeur, & c'est la contradiction en laquelle est tombé d'Argentré sur l'Article 69. qu'on vient de citer. (r)

Si s'étoit ici une question de Philosophie on pourroit encore disputer,
parce qu'elles ne sont jamais decidées, mais il n'est pas permis de disputer sur une question de Droit decidée par un Usage de plusieurs siecles.

MOYENS DU Sr. DE SAINT-AURANT.

P Ar un autre continüation d'Inventaire, le Sr. de Saint-Aurant dit, que
Loüet & Brodeau lettre F, n. 5. ont remarqué, que lorsque le Seigneur
achete des Censives dans sa terre ou des Fonds relevans de sa directe, ces
censives & ces fods deviennent des biens feodaux, dont le Lods est dû au
Seignur dominant par l'usage incontestable de cette Province. Que par la réu-
nion du Domaine utile avec la directe, la Censive s'éteint, ainsi que le re-
marquent les mêmes Auteurs, & Mr. Dolive Livre 2. chapitre 19.

Art. 69. de l'ancienne coûtume de Bretagne.
(q) Si le Seigneur proche acquiert heritage de son homme, dont il eût eu ventes, si autre l'ût
achetté, le Seigneur doit avoir le tiers desdites ventes.
Art. 71. de ladite coûtume.
Le vendeur doit les deux parts des ventes & l'achetteur le tiers.
Argentré sur l'Article 69. de ladite coûtume.
(r) Eodem themate retento suppone primum, secundum & tertium subordinatos primo. Secundo
à tertio Emente laudimia pro triente primo debebuntur &c. Non est igitur ambigua quæstio quam
Molinæus contra decidit, cum ambigit an domino feudi rem à se in feudum datam retrahente
jure feudali, vel aliter sponte emente laudimia debeantur, superiori, & deberi negat. Hic contra statuit, ita tamen ut non pro solido sed pro triente tantum debéri statuat, quæ portio est quæ
ab omni emptore debetur. Igitur ut ab extraneis sic ab ipso quoque Domino, concurrente in eo qua-
litate emptoris, debentur. Nam pro duabus tertiis quæ ab venditore deberentur sit confusio in persona
Domini & ejusdem emptoris concursu agentis & patientis, actionis & passionis. Leg. Utanius & leg.
hæres §. servo Dig. de fidejussorib. & correlativa confusione extinguntur leg. stichum §. additio Dig. de
solut. Nec de suo contractu possent emptori laudimia deberi à suo venditore, quod Albert. dixit Leg.
quod si uno Dig. de in diem addition. Idem Albertus & Jazon Leg. ultima quæst. 3. Cod. de
Emphyteutico. Non debentur igitur, pro portione venditoris, quia suo emptori deberentur, sed per portione emptoris debentur & superiori applicantur, quia in domino qui secundus est in nostra hypo-
tesi, qualitas emptoris concurrit, nec reversio aut consolidatio feudi in eo sit ex natura & lege feudi, sed ex contractu, veluti ab extraneo facto accidentali & adventitio jure, &c. Falsa quippe ratio Molinæi nihil hoc casu mutari in conditione feudi nisi quod de feudo sit domanium, cum fiat
confusio per consuetudinem contra Molinæum. Nam & hoc ipso mutatio contingit & extinguitur
qualitas subfeudi & dominii utilis & debetur Rachatus de toto ; deinde etiamsi mutatio qualitatis non
contigeret, non sequitur laudimia non deberi ut patet ad sensum in tali casu & novum homagium &
fidelitas debentur.

RÉPONSE DU Sr. LARNAC.

EN Languedoc, les biens qui font confolidés à la directe des Seigneurs *jure privato*, par achat, donation, ou tel autre titre qu'on voudra, ceux même qu'ils acquierent *jure dominii voluntario*, comme eft le droit de confifcation ou de prélation, ne reprennent pas leur premiere nature feodale par cette confolidation : s'ils devenoient feodaux, ils deviendroient nobles, & cependant ils confervent la qualité de roturiers. Il n'y a que le feul déguerpiffement qui leur faffe réprendre la qualité de Noble, après que toutes les formalités ont été obfervées ; c'eft par confequent raifonner fur un faux principe de pretendre, qu'en Languedoc les Seigneurs doivent des Lods pour les acquifitions qu'ils font dans leurs Directes, parce que ces fortes de biens ne reprennent pas leur premiere qualité.

Mais quand ils la réprendroient, ce feroit encore mal raifonner, fuivant même le fentiment de Brodeau fur l'article 53. de la Coûtume de Paris, lequel après avoir établi, que les biens roturiers réprennent leur qualité feodale par cette confolidation ; eft cependant d'avis que les Lods n'en eft pas dû. C'eft ainfi qu'il s'en explique au n. 15. dont les termes ont été cy-devant rapportés par le Sr. Larnac, à quoi il ajoûtera ce que Brodeau avoit dit auparavant au n. 12. *Et bien que pour l'acquifition de l'arriere-Fief le Seigneur ne doive point de Quint ou autre profits, non-plus que la Foy & Homage, pour cette fois au Seigneur Suzarin & fuperieur, duquel l'arriere-Fief n'étoit pas tenu & mouvent avant l'acquifition & la reünion faite enfuite, par laquelle il n'y a aucune mutation : les profits étant deûs à luy-même, & par confequent confus en fa perfonne ; neanmoins il eft tenu de reconnoître & à cette fin comprendre l'arriere-Fief dans l'aveu & dénombrement de fon Fief principal &c.* Suivant cet Auteur & prefque tous les autres qui ont écrit, réünir deux chofes qui avoient été déja unies, ce n'eft pas faire un changement pour lequel il foit dû un droit de Lods, en forte qu'ils ont conclu qu'ils n'étoit pas dû, parce que ce n'étoit qu'une confolidation.

Mais le Sr. de Saint-Aurant plus fubtil que tous les Auteurs qui ont écrit, raifonne ainfi, les chofes confolidées deviennent feodales ; donques elles doivent le droit de Lods, parce que les Lods font dûs en Languedoc pour ce qui eft feodal. Jamais Boyer ni d'Argentré n'avoient fçeu faire ce raifonnement pour foutenir leur fentiment, il eft vray que ces trois propofitions font également fauffes. 1°. Les chofes confolidées ne deviennent pas feodales en Languedoc, comme on l'a déja vû. 2°. Les chofes confolidées ne font pas fujettes au droit de Lods dans les Païs où elles font reputées feodales ; c'eft ce qu'on a encore veu dans la feconde partie de cette réponfe. 3°. Les chofes feodales en Languedoc ne font fujetes au droit de Lods que par Titre ou Poffeffion ; c'eft une propofition accordée par le Sr. de Saint-Aurant : Et quand on lui accorderoit toutes fes propofitions, le Lods ne feroit pas deu d'une chofe feodale, lorfqu'elle eft acquife par le Seigneur immediat de qui elle releve. Auparavant de faire de pareils raifonnemens, le Sr. de Saint-Aurant devroit fe fouvenir qu'il avoit avancé au commencement de fes écritures, que le Parlement de Touloufe a decidé, que pour les arriere-Fiefs qui font réünis par les Seigneurs, il n'eſt pas deu de Lods au Seigneur dominant, & à preſent il voudroit prouver qu'ils ſont deus, en faiſant voir que ce qui étoit roturier devient feodal par la conſolidation, c'eſt-à-dire exempt, ſuivant la Juriſprudence du Parlement de Touloufe, dont il eſt convenu lui-même.

Le Sr. de Saint-Aurant rapporte le ſentiment de M. Dolive, pour faire voir que la Cenſive s'éteint par la conſolidation de la choſe, qui étoit ſujete à cette Cenſive, & cela eſt certain; mais il ne s'enſuit pas pour cela que les Lods de cette acquiſition en ſoient deus au Seigneur dominant; il faudroit dire au contraire, que comme les Cenſives qui étoient deuës au Seigneur ſont éteintes par la conſolidation, le droit de Lods doit eſtre auſſi éteint par la même raiſon, qui eſt que le Seigneur ne peut ſe les payer à lui-même : c'eſt ainſi que le Sr. de Saint-Aurant devroit raiſonner ſuivant ſes principes, & s'il pretend que les Lods ſonts deus au Seigneur dominant; il devroit auſſi dire que les Cenſives lui ſont encore deuës.

MOYENS DU Sr. DE SAINT-AURANT.

Comme on ne permet au Vaſſal de ſous-infeoder qu'à cauſe que le Seigneur trouve ſon indemnité; en ce que le Vaſſal ſe reſerve la Seigneurie directe, laquelle venant à ſe vendre, il en retire le Lods; il eſt juſte auſſi que quand aprés avoir réacquis & réüni ces mêmes Fonds avec la Directe, il en ſoit dû un Lods au Seigneur dominant, comme il le ſeroit de la vente de la Cenſive; parce qu'autrement il arriveroit que le Seigneur auroit démembré le Fief, & que le Seigneur dominant ſeroit privé de ſon droit; ce qui ſeroit contre la Juſtice & contre les droits des Fiefs qui ne permettent la ſous-infeodation qu'à condition qu'elle ſe fera, ſine injuria domini.

REPONSE DU SIEUR LARNAC.

LE Sr. de Saint-Aurant avoit pretendu dans ſes precedentes écritures, qu'il n'y avoit que les Ducs où les Comtes qui puſſent ſous-infeoder; à preſent devenu plus indulgent, il accorde cette permiſſion à tous les Vaſſaux; mais il ne gagnera rien dans la comparaiſon qu'il veut faire. Il compare la directe que le Seigneur qui infeode ſe reſerve, avec la choſe infeodée, & il dit que comme en cas de vente de cette directe, il eſt deu Lods au Seigneur dominant, de même lorſque le Seigneur direct acquiert la choſe infeodée, il lui eſt deu encore un droit de Lods. Il n'y aura cependant perſonne qui prenne ce raiſonnement pour une comparaiſon; car qu'elle reſſemblance y a-t'il, entre une Directe venduë, & un Fonds qui eſt acquis : entre la Directe qui releve du Seigneur dominant, & un Fonds ſujet à cette Directe qui releve du Vaſſal, entre un Vaſſal qui acquiert & un Vaſſal qui vend. Toutes ces choſes ſont ſi differentes qu'il faudroit dire au contraire, que ſi le Lods eſt dû dans un de ces cas, il ne doit pas eſtre dû dans l'autre.

S'il y avoit quelque comparaiſon à faire, il ſemble que celle-cy ſeroit plus juſte. Le Vaſſal peut ſous-infeoder une partie de ſon Fief, ſans payer de Lods au Seigneur dominant; donques il peut réünir à ſon Fief ce qui

en

en avoit été séparé par la fous-infeodation ; fans payer auffi de Lods. Le raifonnement paroît bien plus fort de cette manière ; car fi le Vaffal peut le plus, qui eft d'infeoder l'utile de fon Fief, à plus forte raifon, il peut le moins, qui eft de l'aquerir & de le réünir. Par l'infeodation le Vaffal ne fe retenant que la Directe, qui eft fouvent d'un trés petit revenu, & qui vaut toûjours moins lorfqu'elle eft féparée de l'utile, le Lods de cette Directe qui eft deu au Seigneur en cas de vente, en eft auffi moindre à proportion, & le Seigneur dominant demeurera privé du Lods de l'arriere-Fief auffi long-temps qu'il fubfistera ; au lieu que fi le Seigneur l'acquiert, le Lods en fera du au Seigneur dominant toutes les fois que le Fief fera vendu. Il n'y a donc pas de comparaifon à faire entre le defavantage, que le Seigneur reçoit lorfque fon Vaffal infeode une partie de fon fief, & l'avantage qui luy révient lorfque fon Vaffal achette ce qu'il avoit infeodé. Et la feule comparaifon qu'on peut faire en cette occafion eft, que comme le Vaffal n'a pas befoin du confentement du Seigneur pour fous-infeoder, il n'en a pas befoin pour réünir ce qu'il avoit infeodé, & s'il n'a pas befoin de fon confentement, il ne lui doit aucun droit de Lods, ni lorfqu'il infeode, ni lorfqu'il confolide.

Il eft furprenant que le Sr. de Saint-Aurant ouvre tant de Livres, & qu'il employe tant de raifonnemens, pendant qu'il ferme les yeux à l'ufage de la Province, dont il eft comme environné de toutes parts ; on lui a fi fouvent repeté, que ce n'eft pas icy une affaire qui puiffe eftre decidée par des raifons ou par des Auteurs, qu'il devroit on avoir abandonné cette maniere de deffendre fa caufe, où avoir prouvé que ce n'eft pas l'ufage de la Province qui en doit decider.

MOYENS DU Sr. DE SAINT-AURANT.

C'Eft l'ufage du Parlement de Touloufe d'adjuger au Seigneur dominant le Lods des fonds quoique roturiers, dont la directe eft éteinte par la réünion que le Vaffal en a fait au fief, lorfqu'il achete ou revend le fonds de ladite directe ; & cela eft fi vray que Meffre. Pierre de Gregoire Seigneur de St. Felix, ayant acquis du Seigneur de Montpeyroux fon frere, des fonds qu'il avoit réünis à l'arriere-Fief, par luy tenu de Dame Henriete de la Guiche Comteffe d'Alais comme Baronne de Sauve, il y eût Jugement aux Requeftes du Palais à Touloufe le 17. Novembre 1666. qui le condamna au payement du Lods, & y ayant eu appel au Parlement, ledit Jugement fût confirmé avec dépens par Arreft du 12. Mars 1668.

REPONSE DU Sr. LARNAC.

LE Sr. de Saint-Aurant n'a pas communiqué le Jugement des Requeftes du Palais, ni l'Arreft du Parlement cy-deffus énoncés ; lorfqu'il les aura produits en bonne & dûë forme, le Sr. Larnac verra ce qu'il y aura à y répondre, mais jufqu'alors on ne doit compter pour rien cette allegation.

CONCLUSION.

TOute la matiere des Droits Seigneuriaux, dépend uniquement de l'Ufage, & comme il eft different par rapport aux differens Païs ; c'eft ce qui a fait la diverfité des Coûtumes, lorfquelles ont été rédigées par écrit.

H

c'eſt en vertu de ces Coûtumes comme d'un Titre univerſel, que chaque Seigneur particulier éxige les Droits qu'Elles autoriſent ; & lorſqu'ils en prétendent d'autres ; c'eſt à eux à produire des Titres particuliers. En Languedoc, où il n'y a aucune Coûtume rédigée par écrit. Il n'y a qu'un Uſage généralement obſervé dans toute la Province, qui puiſſe ſervir de Loy en matiere de Fiefs ; & à deſſaut de cet Uſage les Seigneurs ſont obligés de juſtifier leurs prétentions par des Titres primordiaux où par des Actes de poſſeſſion qui font preſumer ces premiers Titres. De cette maniere tous les differens Uſages des Provinces du Royaume, ſe réüniſſent au même principe, qui eſt, que l'Uſage univerſel d'une Province tient lieu de Titre univerſel ; & à deſſaut de cet Uſage, on doit à voir des Titres particuliers. Cela ſuppoſé ; on ne doit pas eſtre ſurpris ſi le Sr. Larnac ſe deffend de payer un Droit que perſonne n'a payé juſqu'à preſent en Languedoc, & auquel il n'eſt aſſujetti par aucun Titre particulier.

Monſieur D U R A N T *Rapporteur.*

A MONTPELLIER,
De l'Imprimerie de JEAN MARTEL, Imprimeur Ordinaire du Roy, des Eſtats Generaux de la Province de Languedoc.

M. DCCVI.